CB070338

Título original: *Geek Dad. Awesomely geeky projects and activities for dads and kids to share*

Diretor editorial: Pascoal Soto
Editora: Mariana Rolier
Produção editorial: Sonnini Ruiz
Preparação de texto: Juliana Campoi
Revisão: Margô Negro e Alessandra Miranda de Sá
Capa e projeto gráfico: Retina 78

Dados internacionais de catalogação na publicação (CIP-Brasil)
Ficha catalográfica elaborada por Oficina Miríade, RJ, Brasil.

D397 Denmead, Ken
O curioso livro dos geeks / Ken Denmead ; tradução: Amanda Orlando. – São Paulo : Leya. 2011.
260 p. : il.

Tradução de: Geek Dad. Awesomely geeky projects and activities for dads and kids to share.
ISBN 978-85-8044-025-6

1. Recreação. 2. Recreação em família. 3. Pai e filho. 4. Meninos - Recreação. I. Título.

11-0139 CDD 790.191

Texto Editores Ltda.
Uma editora do grupo LeYa
Rua Desembargador Paulo Passaláqua, 86
01248-010 - Pacaembu - São Paulo - SP - Brasil
www.leya.com

O CURIOSO LIVRO DOS GEEKS

Projetos e atividades incrivelmente geekies para serem compartilhadas por pais e filhos

Ken Denmead
Criando a geração geek 2.0

Prefácio de Chris Anderson
editor-chefe da revista *Wired*

Tradução: Amanda Orlando

Para minha espetacular esposa, Robin, que se mostra capaz de encorajar e suportar meus traços geekies enquanto me ajuda a me tornar o melhor pai que já sonhei ser. Este livro não existiria sem seu amor e companheirismo e eu não seria este feliz pai geek. Amo você!

Para meus garotos, Eli e Quinn, que são parecidos comigo o suficiente para que eu possa compartilhar com eles muitas das coisas geekies que fui acumulando ao longo dos anos, mas são diferentes o bastante para me mostrar coisas novas todos os dias. Vocês são a razão pela qual escrevi este livro. Cresçam fortes e geeks!

E para os meus pais, Ellen e Walter: não acho que o caminho que trilhei foi exatamente aquele que vocês esperavam, mas acredito que estejam felizes por ver aonde cheguei. Muito obrigado por me iniciarem nessa trilha com preparação e apoio tão bons e por estarem presentes em todos os passos da caminhada.

>> SUMÁRIO

>> AGRADECIMENTOS ESPECIAIS

Há três anos, um homem, de cuja fama e inteligência perspicaz eu tinha apenas uma vaga ideia, publicou um anúncio procurando voluntários para escrever em um blog chamado GeekDad. Respondi à proposta achando que não fosse dar em nada, mas fui sortudo o suficiente para ser aceito por Chris Anderson como seu colaborador. Seis meses depois, ele me pediu para tocar o blog e, apesar de ficar de queixo caído, aceitei a proposta com a maior empolgação.

Desde então, tudo tem sido uma aventura e uma mudança tectônica nos rumos da minha existência. Estou vivendo uma vida que jamais poderia ter imaginado e tendo a sorte de retribuir trazendo outros pais para escreverem para o GeekDad. Entretanto, tudo isso começou graças à generosidade empreendedora de Chris Anderson, o fundador do GeekDad, a quem sou eternamente grato.

UM MUNDO TOTALMENTE NOVO

Um dos elementos críticos do processo de "vou escrever um livro" é alguém lhe dar uma chance. Um agradecimento muito especial à Megan Thompson, da LJK Agência Literária, por me "descobrir" e me dar assistência ao longo do processo de composição da proposta de edição, e a Jud Laghi, por fazer com que minha proposta fosse lida pelas pessoas certas.

E as "pessoas certas" são minha editora, Lucia Watson, que me ajudou a ter um monte de ideias legais e a apresentar esse livro divertido e gostoso de ler (assim espero) que você tem em mãos, e a editora-assistente, Miriam Rich, que me guiou pelo novo e estranho mundo da edição.

Percebi que fui muito sortudo por ter caído nas mãos de pessoas tão pacientes e profissionais e que não sou capaz de expressar minha gratidão pelo tanto que fizeram por mim. Obrigado!

E não há como deixá-los de fora

O verdadeiro sucesso do blog GeekDad vem da família de escritores que o compõem, e não posso levar o crédito por este livro sem dar o devido mérito à equipe que me ajudou a fazer com que tudo funcionasse: Anton Olsen; Brad Moon; Chuck Lawton; Corrina Lawson; Curtis Silver; Daniel Donahoo; Dave Banks; Don Shump; Doug Cornelius; Jason B. Jones; Jenny Williams; John Baichtal; John Booth; Jonathan Liu; Kathy Ceceri; Lonnie Morgan; Matt Blum; Michael Harrison; Moses Milazzo; Natania Barron; Paul Govan; Russ Neumeier; Todd Dailey; Vincent Janoski; e o místico Mágico "Z".

Um agradecimento adicional vai para Matt Blum, meu braço direito na administração do blog, por sua ajuda no copidesque do manuscrito; e Bill Moore; Dave Banks; Russ Neumeier; Andrew Kardon; Brian Little e Natania Barron por contribuírem com projetos para este livro.

E obrigado à tripulação da Base Estelar Phoenix: nas fronteiras do espaço conhecido, uma chama queima para iluminar o caminho. Vocês, caras, são essa luz.

>> PREFÁCIO

de Chris Anderson, editor-chefe da revista *Wired*

Eis o desafio de ser um pai geek. Você é geek. Você também é pai. Geeks querem fazer projetos legais, de preferência envolvendo ciência, tecnologia e qualquer coisa vinda do Japão. Pais, enquanto isso, querem passar algum tempo com seus filhos, de preferência fazendo algo que as crianças queiram. Na maioria das ocasiões, essas duas vontades estão em lados opostos. Mas não precisa ser assim!

A origem deste livro e do site que o inspirou é encontrar maneiras de conciliar a essência do geek com a natureza paternal. No início de 2007, iniciei o GeekDad para mim mesmo: eu tinha quatro (agora cinco) filhos, todos com menos de dez anos na época, e simplesmente não conseguia suportar a ideia de jogar Cara a Cara mais uma vez.

Procurava projetos e atividades que fossem divertidos tanto para eles quanto para mim. Não os divertidos para mim e chatos para eles (como a maioria das minhas coisas geekies), ou divertidos para eles e chatos para mim (como a maioria das coisas de criança), mas divertidos para ambos. Em outras palavras, um desafio válido para todas as idades.

Eu esperava que outras pessoas por aí tivessem a mesma ambição e que pudessem responder aos meus posts. E havia. Hoje, alguns anos depois de o site ter sido lançado, ele atrai mais de um milhão de leitores por mês e tem mais de vinte colaboradores. Administrado por Ken Denmead, que desde 2007 tem gerido o GeekDad.com, agora um blog oficial da *Wired*, o site se tornou uma das principais páginas para pais da internet. Isso mostrou que o vínculo entre ser geek e ser pai é, de fato, muito profundo. Agora Ken levou o projeto a um patamar mais elevado: o livro que você está lendo. Ah, se uma coisa assim existisse três anos atrás, quando eu precisava!

Minha busca pessoal pela intersecção perfeita entre pai e geek começou com os Legos robóticos da série Mindstorms. Há aproximadamente três anos, meus filhos (então com nove e seis anos) estavam loucos por Lego, enquanto eu estava fascinado pela robótica. Também me deram de presente um aeromodelo RC, o qual tentamos, eu e os meninos, pôr para voar relativamente sem sucesso. Também ganhamos um kit Lego Mindstorms NXT e com cuidado montamos todos os robôs de acordo com o manual de instruções e depois ficamos nos perguntando: "o que vem agora"?

Ficou claro que nunca seríamos inacreditavelmente bons em montar Lego Mindstorms ou aeromodelos, dadas todas as coisas inacreditáveis que as pessoas fazem com ambos, como ficou evidenciado pelos vídeos que encontramos no YouTube. E, com toda a sinceridade, como geek, não consigo ver sentido em fazer algo que já foi feito mil vezes melhor do que eu poderia fazer.

Mas certo dia, quando saí para correr, tive uma ideia. Os sensores disponíveis no Mindstorms eram muito legais; incluíam conta-giros, uma espécie de bússola eletrônica e um acelerômetro. O NXT também tinha um Bluetooth e era compatível com outros aparelhos equipados com a mesma tecnologia e, possivelmente, módulos GPS Bluetooth.

O que você consegue quando coloca tudo isso junto – o conta-giros, o acelerômetro, um GPS e um computador? Um piloto automático! Se não conseguíamos colocar os aeromodelos para voar direito, talvez fôssemos capazes de inventar um robô que pudesse fazer isso. E de todas as coisas legais que as pessoas já tinham feito com Mindstorms, a única que ninguém havia feito ainda era colocá-los para voar. Um projeto que valia a pena tinha surgido! Iríamos projetar o primeiro veículo aéreo não tripulado (Vant) de Lego do mundo – um aeromodelo de Lego totalmente autônomo!

Começamos com as partes mecânicas. Na época, não havia como acionar o servomotor do RC diretamente do Mindstorms, então projetamos uma bandeja deslizante com um motor do Mindstorms que escorregava para a frente e para trás, e montamos o motor do leme nela. Dessa forma, é possível ter sempre o controle do RC – embora o controlador possa excedê-lo deslizando todo o servomotor para a frente e para trás, tornando também possível ligar e desligar o piloto automático. Na falta de uma conexão eletrônica entre os mundos RC e Mindstorms, criamos uma ligação mecânica: um servomotor preso a um sensor de toque do Mindstorms.

Bem, era a hora do software. Meu filho e eu trabalhamos em um código durante todo o final de semana. Este se mostrou ser o perfeito projeto de pai e filho: diversão para ele e para mim – um encontro de interesses de crianças e adultos transformado em uma fantástica atividade de final de semana. Começamos com o piloto automático mais simples, que usaria o sensor da bússola e voaria apenas em uma única direção com duração pré-programada, para então mudar de direção por outro período. Entretanto, esta é apenas a parte da navegação; a parte da estabilidade teria de ser coberta por um dispositivo comercial chamado copiloto FMA.

Um voo revelou que a coisa realmente funcionava (mais ou menos) – o aeromodelo navegou por si só e permaneceu com a altitude nivelada. Publicamos nosso projeto na internet atraindo um imenso interesse. A ideia do Vant de Lego confirmou-se como sendo tão fascinante quanto esperávamos. Mas a verdadeira autonomia aérea vai muito além do que havíamos conseguido até então: deveria incluir coordenadas de latitude e longitude e um piloto automático preciso que abrangesse tanto a navegação quanto a estabilidade. Passamos depois para a versão 2.

Esse novo Vant foi muito mais avançado. Felizmente, a HiTechnic, uma empresa que desenvolve sensores para Mindstorms, entrou em contato conosco e nos ofereceu um protótipo de um dispositivo que não apenas permitia aos Mindstorms acionar diretamente os servomotores RC, mas também era capaz de ligar e desligar o piloto automático mudando a partir do sistema RC. Outras pessoas, capitaneadas por Steven Hassenplug, um guru amador do Mindstorms, descobriram como criar uma interface de módulos GPS Bluetooth com Mindstorms, de modo que os modelos passaram a ser capazes de utilizar coordenadas-padrão de latitude e longitude. E a HiTechnic também fez um protótipo de um "conta-giros integrado" que simplificou a matemática do trabalho com sensores tão inertes.

Ao combinar tudo isso com o acelerômetro de três eixos da HiTechnic, foram reunidos os elementos básicos da verdadeira Unidade de Medida de Inércia (IMU – Inertial Measurement Unit), o núcleo dos pilotos automáticos mais sofisticados do mundo. Só que, no nosso caso, o núcleo era um controle do Lego Mindstorms! Montamos o equipamento em um avião, fizemos um pouquinho de programação e provamos mais ou menos que nosso projeto funcionava.

O Lego Vant 2 voou algumas vezes para provar o conceito e depois se aposentou para se dedicar a uma carreira de exibições em feiras e no Museu Lego em Billund, na Dinamarca, onde está hoje. As crianças, infelizmente, deixaram o projeto antes de ser terminado. Na época, tivemos que trocar nosso código para o Robot C e soldar aço, o que fez com que o projeto ficasse além de qualquer equilíbrio concebível entre geek e pai. Mas a semente fora plantada – e em solo fértil.

A busca por projetos geekies similares que ultrapassassem a atração entre gerações me levou a dar início ao blog GeekDad. Meu primeiro lema engraçadinho foi: "Permissão para brincar com brinquedos legais não é a única razão para se ter filhos, mas está entre as mais importantes da lista". O objetivo era focar na intersecção de Venn – teoria de John Venn (matemático inglês) –, que propunha a mescla entre interesses geekies e a paternidade: encontrar coisas relacionadas à ciência, tecnologia e cultura que fossem divertidas para todas as gerações.

Comprei o domínio na internet, por um valor não muito alto, de um cara bacana que não estava utilizando o endereço e em seguida comecei a blogar intermitentemente. Logo convidei alguns amigos para se juntarem a mim e depois publiquei um anúncio convidando outros geeks a participarem.

O resto, como costumam dizer, é história. Este livro é algo com o qual eu apenas poderia sonhar três anos atrás. Meus filhos e eu iríamos alegremente mergulhar no livro nos finais de semana, procurando por projetos compatíveis com o tempo e os materiais que tivéssemos à mão. Você deve fazer o mesmo. Isso não significa ler *O curioso livro dos geeks* da primeira à última página. Este é um livro de ideias e instruções. Folheie, compartilhe com seus filhos e escolha algo que soe perfeito para preencher uma tarde de sábado.

Quando tiver terminado, certamente terá vivido uma aventura. E também instigado a curiosidade do seu filho, levando-o a uma fascinação que o acompanhará por toda a vida. Você teve o momento de se tornar de novo uma criança, exatamente o que faz com que você seja um geek de corpo e alma. Este livro é sobre oportunidades para criar esse tipo de momento. E ser um pai incrível enquanto estiver fazendo isso.

Divirta-se!

O CURIOSO LIVRO DOS GEEKS

>> INTRODUÇÃO COMO SER GEEK E PAI

Muito tempo atrás, a palavra *geek* era utilizada para descrever artistas de circo. O termo acabou adquirindo um sentido pejorativo para descrever garotos desajeitados e magrelos que, na escola, eram rotineiramente jogados dentro de latas de lixo pelos esportistas. Mas, hoje, o **geek** se reinventou. Esta é a era do geek. E os geeks são o máximo.

Há algo intercambiável entre o **geek e o nerd**. Ambos os termos são utilizados em geral para descrever uma pessoa com habilidades sociais restritas que encontra prazer em atividades que estão longe das consideradas predominantes – atividades como jogar **role-playing games** (RPGs), livros e filmes de ficção científica, ciência, engenharia e por aí afora... você já sabe do que estou falando. Mas há uma diferença primordial entre o geek e o nerd.

Um pai geek famoso (e GeekDad honorário), Will Wheaton (ator norte-americano), descreve essa diferença de uma maneira bastante simples: um geek é um nerd consciente da sua condição. Isso faz muito sentido para mim. Acho que os geeks tinham todos esses problemas sociais na adolescência e gostavam de todas essas coisas que não faziam parte da cultura popular na escola; mas acabamos compreendendo nossa natureza e, de uma maneira bem Kübler-Ross (psiquiatra suíça), passamos por cima dos aspectos autolimitantes da nerdice, atingindo um estado de aceitação de nosso lugar no mundo, e sentimos até mesmo prazer por estarmos nessa posição. O que, de uma maneira engraçada, nos ajudou a lidar com alguns desses problemas sociais, pois a maioria de nós acabou de fato casando e tendo filhos (incríveis, por sinal!).

Acho que grande parte da ascensão dos geeks em geral, e dos pais geeks especificamente, é que existem muito mais mulheres geeks do que as pessoas se dão conta e alguns dos caras geeks como nós foram espertos o suficiente para reconhecerem a própria espécie e nos empenhamos para acasalar e nos perpetuar .

Mas, antes que eu me prolongue demais, deixe-me expor alguns pontos importantes: geeks não são apenas aqueles caras dos computadores, do D&D (Dungeons & Dragons, jogo de RPG), e os apaixonados por quadrinhos. Há muitas outras coisas por aí pelas quais as pessoas são apaixonadas, e até mesmo levemente obcecadas, que pode qualificá-las como geeks. Se você é apaixonado por determinada coisa na qual não apenas é bom como também é capaz de passar horas fazendo, esquecido do mundo (em detrimento da sua vida social), você pode ser um geek. Se você possui conhecimento enciclopédico sobre algum tema e age como um pedante feliz da vida sempre que o assunto é discutido, você pode ser um geek. Se possui um cômodo na sua casa dedicado a um hobby sobre o qual os outros membros da sua família evitam falar, você de fato pode ser um geek. Não estou falando a respeito de "experts" nem de "profissionais" – estou falando sobre *a verdadeira* parada. Eis alguns exemplos:

TEMA	**PRATICANTE FAMOSO**	**GEEK**
GUITARRISTA	Eric Clapton	Buckethead
CHEF	Emeril Legasse	Alton Brown
DIRETOR DE CINEMA	Martin Scorsese	Peter Jackson
JOGADOR DE FUTEBOL AMERICANO	Steve Largent	Jerry Rice
DRAMATURGO	Tennessee Williams	William Shakespeare
PROJETISTA DE VIDEOGAMES	Qualquer membro da equipe da Madden	Will Wright

Então quais fatores compõem o geek? Eu gostaria de colocar que o geek é uma combinação de fatores comuns de personalidade que vemos em todos os tipos de pessoa. Na verdade, esses fatores, quando encarados de maneira individual ou em pares, levam a personagens menos desejáveis. Observe, por exemplo, o diagrama de Venn a seguir (falando em geek...), no qual descrevi as possíveis combinações de fatores-chave de personalidade que compõem o geek e os estereótipos a eles relacionados: conhecimento, obsessão e habilidades sociais.

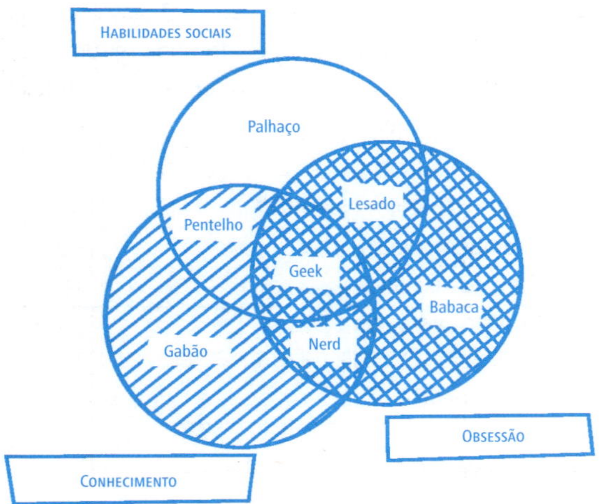

Conhecimento representa ter informações significativas arquivadas e facilidade para se lembrar delas. Esse conhecimento pode ser amplo e relativamente superficial – o sabe-tudo – ou pode abranger apenas alguns temas, mas ser consistente e profundo – o especialista, o cara que resolve os problemas.

Obsessão é a capacidade que uma pessoa possui de se perder em algo pelo qual está apaixonada. Sintomas comuns incluem perder a noção do tempo enquanto se codifica HTML/CSS ou ficar acordado até as quatro da manhã para zerar Portal, pois você merece assistir aos créditos finais (e ouvir aquela música incrível do Jonathan Coulton – compositor norte-americano).

Habilidades sociais pode significar muita coisa, nada relacionado a ser "popular" – o que geeks e nerds sempre sentem que nunca serão durante seus anos de formação. Mas os geeks pelo menos possuem presença e personalidade para fazerem parte de relações duradouras, característica que ajuda a diferenciá-los.

Então, antes de tudo, é fácil rotular aqueles que são deixados de lado: os babacas são pessoas obsessivas sem a introspecção necessária para reconhecer essa característica ou como ela pode afetar os outros. Os gabões sabem tudo, mas não conseguem aplicar esse conhecimento nem conseguem se expressar. Os palhaços são gente boa, mas também idiotas preguiçosos – ninguém presta muita atenção neles, já que não são vistos como muito úteis.

A coisa começa a ficar interessante quando misturamos esses traços. O nerd clássico possui conhecimento/inteligência e a natureza obsessiva que produz resultados. Não se deve esperar que eles conduzam conversas que interessarão a um público não nerd – são capazes de encher seus ouvidos com coisas tão nerds quanto a empolgante aplicação da teoria quântica ou o fluxo dos fungos em um pedaço de queijo, entretanto, coloque-os para trabalhar em algum projeto sem nenhuma outra distração por perto e os resultados gerarão uma mina de ouro (especialmente se tiver a ver com World of Warcraft e todo aquele lance de, você sabe, mineração de ouro).

O lesado – creio que existam outros termos para descrever esse tipo de pessoa, provavelmente variações regionais –, bem, o lesado combina obsessão e habilidades sociais em uma verdadeira faca de dois gumes. Ele pode ser aquele vendedor que fala sem parar, mas que na verdade não sabe lhufas do que está falando, ou pode ser aquele trabalhador diligente de quem todo mundo gosta, mas que, no fundo, nunca consegue entender direito as coisas.

E há o pentelho. Ele é esperto e sempre dá um jeito de ser convidado para as festas, mas, na verdade, é um baita preguiçoso. Ou pior, é intelectualmente esperto, mas emocionalmente ignorante, e não se importa nem um pouco com isso. Ele é o cara mais provável de se tornar pedante em uma reunião de amigos e costuma usá-los para que façam o seu trabalho, beneficiando-se sempre disso.

É claro que esses são exemplos extremos e existem pessoas muito agradáveis e funcionais que podem se encaixar nessas categorias; mas não é sobre elas que estou falando. No ponto central da questão repousa a sinergia tripartida que cria o geek. A mistura de conhecimento (sobre quadrinhos, física de partículas ou as obras de Mozart), obsessão (eles são capazes de passar horas a fio diante de um computador ou de uma bancada de ferramentas aperfeiçoando, construindo ou jogando algo) e habilidades sociais (eles de fato se encontram com outras pessoas para jogar RPG ou ficam na fila com um bando de amigos para assistir à sessão da meia-noite do novo filme de *Jornada nas estrelas*) gera pessoas equilibradas, autossustentáveis e dotadas de uma excentricidade adorável.

Agora, quando pendemos a balança um pouquinho mais para o lado das habilidades sociais, temos pessoas que de fato são capazes de marcar um encontro, arrumar uma namorada, casar e procriar. De uma maneira simplificada, é assim que surge o pai geek. As condições precisam continuar a ser favoráveis: sua nova família apoia os seus interesses geeks? Será que vai fazer bem para a(s) criança(s) fazer(em) parte do seu mundo geek? Quantas vezes sua esposa esconderá o riso quando você erguer sua cria e disser num tom profundo: "Luke, eu sou seu pai" (mesmo sabendo que a citação não é bem essa), antes de a brincadeira perder totalmente a graça? Quantas piadas sobre lixo nuclear durante a troca de fraldas serão toleradas?

Claro que é uma ajuda imensurável quando seu parceiro também é geek (mas isso é assunto para outro livro). Fui muito sortudo em casar com uma pessoa como eu. Na verdade, não apenas minhas pequenas obsessões são toleradas, como também algumas delas são encorajadas. E, em troca, eu também encorajo minha esposa. Quantos homens podem dizer que suas mulheres querem uma viagem para uma convenção de ficção científica como presente de aniversário de casamento? Eu sou esse cara de sorte.

Mas a melhor parte é poder compartilhar isso com meus filhos, dividir com eles as coisas geekies que fizeram parte da minha infância e continuam a emocionar minha existência: *Guerra nas estrelas, Jornada nas estrelas,* matemática, ciência, leitura, escrita, música, computadores, videogames, filmes e televisão. Não sou capaz de expressar a alegria que sinto ao ver meus filhos ligados no *Dr. Who,* em quadrinhos e em *O Senhor dos Anéis.* Converso com eles sobre os aspectos importantes das histórias e percebo que eles sugam as minhas palavras.

Passei os anos da escola como uma espécie à parte (apesar de ter tido bons amigos que também eram geeks), por isso sinto-me o máximo por poder guiar meus filhos no que diz respeito aos aspectos sociais e aos desafios ocasionais de crescer sendo um geek. Todos os pais querem proteger os filhos, mas gosto de pensar que a melhor proteção que posso oferecer é ajudá-los a entender o que pode acontecer, por que e qual é a melhor maneira de lidar com isso. Quero que eles saibam que ser diferente não é uma coisa ruim e que inteligência e curiosidade são características dignas de orgulho.

Na verdade, é isso que ser um pai geek realmente significa para mim. Com nossa personalidade diferente e interesses que estão longe do que é considerado popular (ou pelo menos interesses mais técnicos do que em geral é apreciado pelo gosto popular), estamos todos prestes a entender, nos comunicar e conectar com outros ao compartilhar aquilo que amamos e ajudar os demais a grokar como nós. É claro que há o imperativo de ter filhos e ajudá-los a sobreviver e prosperar, mas também queremos que eles sejam felizes – seja lá o que isso possa significar para eles.

Encorajarei meus filhos a amarem o que eu faço, mas não irei forçá-los a fazer o mesmo. E, quando querem fazer algo diferente, fico feliz em deixá-los seguir em frente, contanto que o façam de uma maneira pelo menos um pouquinho geek: reunindo algum conhecimento sobre o assunto, sendo um pouquinho obsessivos e se juntando a outras pessoas que estão realizando o mesmo tipo de atividade. É isso que todos os grandes geeks fazem.

>> PROJETOS GEEKIES PARA SEREM COMPARTILHADOS POR PAIS E FILHOS

A maioria dos livros sobre "educação dos filhos" não fala sobre atividades para serem feitas na companhia das crianças, mas sim do que fazer *para* as crianças, como truques e táticas para domar o comportamento delas de alguma maneira desejada que em geral vai ao encontro do que elas realmente querem: brincar e passar algum tempo de qualidade com você.

Não estou dizendo que esses livros são ruins. Alguns deles tentam reforçar a ideia de passar algum tempo de qualidade (apesar de eu realmente querer encontrar um novo termo para substituir *tempo de qualidade*) com seus filhos. Este livro tem o mesmo objetivo: ajudar você a compartilhar algum tempo com seus filhos durante os anos de formação deles de uma maneira educativa e construtiva, sem fazer com que pareça que esse tempo deveria realmente ser educativo e construtivo (o que nem sempre é fácil). A diferença aqui é que tudo será feito de uma perspectiva geek, de forma que o construtivo e o educativo podem não significar o mesmo que nos outros livros. Eis o que torna o nosso enfoque diferente:

- Geeks gostam de jogos que exigem uma imaginação fantasiosa.
- Geeks amam ciência e sabem como as coisas funcionam. A experimentação é

a melhor forma de aprender sobre esses assuntos. Se as coisas fizerem "bum" no meio do processo, melhor ainda.

- Geeks amam encontrar soluções criativas e interessantes para problemas que poderiam ser resolvidos de uma maneira mais mundana.
- Geeks amam brincar, mas ao mesmo tempo construir algo e aprender.

Este livro inclui projetos exuberantes relacionados a uma lista eclética de temas, de jogos de tabuleiro aos eletrônicos, trabalhos manuais e codificação de computadores. Mas não estou aqui para dizer exatamente o que fazer. O intuito das instruções de *O curioso livro dos geeks* é conceder uma estrutura para que você possa dar o primeiro passo com seus filhos. Cada um desses projetos permite customizações e personalizações. De fato, o que tenho em minha oficina e o que há disponível na loja de ferramentas da minha cidade pode ser bem diferente daquilo que você possui. Por isso, espero que você improvise, adapte e até mesmo (o que deve acontecer com bastante frequência) melhore os projetos.

>> INFORMAÇÕES SOBRE O PROJETO

No início de cada projeto, você verá uma tabela com um resumo das informações para dar uma ideia do que esperar dele. Há também símbolos não muito diferentes do que estamos acostumados a ver em críticas de restaurantes e hotéis para explicar quais serão os custos e as dificuldades. A seguir uma legenda para interpretar seu significado.

Algo que você vai perceber ao dar uma olhada nos projetos é que eles não são muito longos, nem dispendiosos, excessivamente complexos e tampouco incluem muito trabalho antes da parte divertida. Se você e seus filhos possuem o tipo de paciência e determinação geeky para passar dias/semanas/meses em um projeto, deixe-me sugerir que pintem exércitos de Warhammer ou façam um mapa estelar da sua região com a ajuda de um telescópio construído por vocês mesmos.

PROJETO	GRADAÇÃO DO PROJETO
CONCEITO	Uma rápida visão geral do projeto para que você decida se ele é do seu interesse.
CUSTO	$ R$ 0 a R$ 25,00 $$ R$ 25,00 a R$ 50,00 $$$ R$ 50,00 a R$ 100,00 $$$$ mais de R$ 100,00 Em muitos casos excluirei os custos com ferramentas e materiais mais comuns que você provavelmente já os possui ou pode encontrar ou pedir emprestado com facilidade.
DIFICULDADE	◕ Fácil de ser entendido e divertido para crianças no ensino fundamental ◕◕ Para crianças do sexto e do sétimo ano ◕◕◕ Para adolescentes do oitavo e do nono ano ◕◕◕◕ Para adolescentes no ensino médio Há uma grande variedade de projetos, que vão desde os mais simples até os que são um tanto complexos. Alguns podem até mesmo ser adaptados para servir melhor aos seus propósitos. É você quem deve medir o nível de habilidade e de concentração de seus filhos e escolher o melhor projeto para compartilhar com eles. Afinal, você conhece os seus filhos melhor do que eu!
DURAÇÃO	◷ até 15 minutos ◷◷ 15 minutos a 1 hora ◷◷◷ 1 a 3 horas ◷◷◷◷ 3 horas ou mais Já que a jornada em geral é tão importante quanto a chegada, é legal conseguir terminá-la. Você e seu filho poderão terminar a maioria desses projetos em uma tarde de trabalho em equipe.
CAPACIDADE DE REUTILIZAÇÃO	↻ Apenas uma vez ↻↻ Reutilizável apenas uma ou duas vezes ↻↻↻ Reutilizações múltiplas possíveis ↻↻↻↻ Bom para sempre Espero que você considere que vale a pena repetir vários dos projetos incluídos neste livro.
FERRAMENTAS E MATERIAIS	Uma lista dos itens básicos necessários para executar o projeto. Farei o meu melhor para sugerir como fazer muito gastando pouco.

Não é que eu não respeite o pessoal que faz esse tipo de coisa! Muito pelo contrário, eles são o exemplo do geek, e eu não sou digno nem para limpar seus pincéis ou polir suas lentes. Simplesmente não tenho esse tempo nem essa energia. Quero fazer algo divertido com meus filhos AGORA (ou pelo menos nos minutos ou nas poucas horas que levaremos para completar qualquer um dos projetos deste livro). Então você descobrirá que a característica em comum mais importante que todos esses projetos possuem é serem práticos, terem preços acessíveis e uma execução de fato possível para praticamente todos aqueles que tenham um pouquinho de geek dentro de si.

Bem, está na hora. Reúna o(s) seu(s) filho(s) e mãos à obra!

>>

FAÇA SEUS PRÓPRIOS JOGOS E TRABALHOS MANUAIS GEEKIES

>> FAÇA SEUS PRÓPRIOS QUADRINHOS

São raras as pessoas, geeks ou não, que não curtem quadrinhos. Indo além do jornal de domingo ou aqueles publicados por algumas revistas de grande circulação, há vários quadrinhos bem interessantes por aí para nós, geeks: Dork Tower, XKCD ou PvP. Lê-los é divertido, mas, como acontece com a maioria das coisas, não seria ainda mais divertido tentar criar as próprias historinhas?

Talvez você e seus filhos já tenham alguma boa ideia para o roteiro ou para os personagens de uma história em quadrinhos. Não se preocupe se suas habilidades artísticas ou gráficas não são lá essas coisas – este projeto vai ajudá-los a superar essa deficiência sem importância. Em vez de papel e caneta, vocês poderão usar ferramentas que lhes sejam familiares – ou mesmo aquelas com que são habilidosos – para criar algo visualmente distinto, criativo e totalmente seu.

PROJETO	**FAÇA SEUS PRÓPRIOS QUADRINHOS**
CONCEITO	Fazer tirinhas utilizando fotos digitais.
CUSTO	$$ - $$$$
DIFICULDADE	◐◐
DURAÇÃO	◷◷◷◷
CAPACIDADE DE REUTILIZAÇÃO	GGGG
FERRAMENTAS E MATERIAIS	Câmera digital com um zoom e macros settings; caixa de luz; bonecos; computador; software.

A ideia básica para este projeto é utilizar bonequinhos de Lego ou outros bonecos e brinquedos similares como personagens da sua historinha, fotografá-los em vez de desenhá-los, e então manipular essas imagens no seu computador criando os quadrinhos. Antes de fotografar, é necessário providenciar alguns elementos básicos para o seu projeto.

>> ESCOLHENDO O TEMA

Qual será o tema da sua história? Será sobre você e seus filhos, ou personagens imaginários? Eu decidi basear minha tirinha nas divertidas mensagens publicadas no Twitter pelo escritor, ator e pai geek Wil Wheaton. Wil tem o hábito de tuitar a respeito dos diálogos imaginários que ele trava com os mais diversos programas do seu computador (especialmente o iTunes) e com seu cachorro. Graças à limitação de caracteres do Twitter, essas conversas geralmente tomam a forma de scripts rápidos que percebi caberem perfeitamente no padrão de seis ou nove quadros das tirinhas. Você precisa decidir se utilizará situações do cotidiano, coisas impressionantes que os seus filhos disseram ou fizeram, ou simplesmente sobre qualquer outra história que possa ser contada em um espaço de três a nove quadrinhos.

>> CRIANDO AS FIGURAS

Você terá de utilizar como personagens algum tipo de boneco que seja capaz de ficar imóvel e mudar de posição dependendo da história a ser contada. No meu projeto, para transformar o Wil em um personagem de quadrinhos, tive uma ideia realmente fácil: usei aqueles bonequinhos que acompanham diversos cenários do Lego. Eis como você pode criar seus personagens:

1. Entre na seção de compras do site da Lego (você também pode visitar a loja de brinquedos mais próxima) e compre alguns bonequinhos do modelo-padrão (com a parte inferior e superior do corpo separadas e nenhum elemento especial na cabeça).

2. Na área *à la carte,* compre algumas dezenas de cabeças dos bonecos básicos (chamados de *Mini Heads N. 1* da Lego – aqueles com o sorriso mais simples).

3. Quando você estiver com esse material em mãos, poderá customizá-lo para que se transforme nos personagens desejados. Encontrei uma imagem do Wil na internet que é bastante conhecida pelos fãs dele, em que ele está vestindo um suéter muito particular que traz a estampa de um palhaço, a qual recriei no torso do bonequinho usando uma caneta de ponta de feltro fina. Se você tiver dificuldade de encontrar um bonequinho com o torso sem nenhum desenho, é fácil raspá-lo do plástico com um estilete X-Acto ou uma lâmina de barbear.

4. Para dar uma palheta de emoções para seu personagem, use as cabeças extras. Assim como os corpos, as marcações da cabeça podem ser facilmente raspadas com uma lâmina. Para o meu bonequinho do Wil, peguei uma cabeça, raspei o sorriso genérico e desenhei uma expressão surpresa de "oh!" com uma caneta de tinta preta permanente. Se no seu script o personagem passa por muitas aventuras e cenas, você pode querer criar rostos tristes, alegres, assustados e por aí afora. Como as cabeças são intercambiáveis, é possível ter quantos looks você imaginar para seu personagem.

Seus filhos podem se divertir criando os próprios personagens. Você pode também utilizar bonequinhos como coadjuvantes do seu script. Há todos os tipos de bonecos disponíveis, portanto é bem fácil contar com um astronauta, caubói ou homem da lei.

>> ESCREVENDO O SCRIPT

É sempre uma boa ideia dar início a uma tirinha escrevendo um script rápido para planejar cada tomada, de forma que você saiba exatamente de quais bonequinhos precisará e que fotos terá de tirar. Apesar de a ideia deste projeto ser evitar ilustrações propriamente ditas, trabalhe com seus filhos um esboço para visualizar a ideia, rascunhando o que aparecerá em cada tomada e as palavras ou balõezinhos de pensamento necessários. Isso o ajudará a descobrir que tipo de layout você deseja: quantos quadrinhos, de qual tamanho e qual será a relação entre eles. E não se esqueça de que muitas vezes aquele quadrinho que não inclui nem uma única palavra é o mais engraçado de todos!

>> CONSTRUINDO SEU ESTÚDIO

A estrutura utilizada para fotografar seus personagens pode ser bem simples e barata, ou complexa e cara, dependendo da sofisticação que você deseja atingir ou da quantidade de ilustrações do produto final.

- A ferramenta mais cara também é aquela que provavelmente você já possui: uma câmera digital com lentes de zoom. Até mesmo os seus filhos devem ter uma.
- Um tripé será uma ajuda valiosa. Você precisará tirar fotos que retratarão frames muito semelhantes, com apenas algumas leves alterações nas posições dos personagens ou em suas expressões faciais. Ter uma câmera fixa no mesmo lugar é vital para conseguir esse efeito.
- Você precisará de uma caixa de luz de algum tipo para iluminar corretamente seus modelos e criar o fundo mais vazio possível, para simplificar a edição das imagens mais tarde. Você pode começar com algo tão simples quanto um cubo feito de cartolina branca, deixando abertos apenas o topo e a frente para que a luz entre. Em seguida, coloque algumas lâmpadas simples sobre a caixa para que haja um fluxo de luz suficiente e as sombras sejam minimizadas. Um pequeno passo além seria comprar uma caixa de luz portátil disponível on-line ou na maioria das lojas de fotografia. Elas, em geral, não custam mais de R$ 80,00 e farão o trabalho de maneira admirável.

>> FOTOGRAFANDO SEU SCRIPT

Uma vez que você já tenha o equipamento preparado, é hora de tirar as fotos – e planeje tirar várias. Você provavelmente vai começar com alguns cliques básicos para testar a luz e a exposição, e, apesar de as configurações automáticas de sua máquina servirem muito bem para o projeto, pode ser que deseje utilizar o modo manual para capturar exatamente o mesmo equilíbrio de cores e exposições no intuito de dar uma continuidade visual à tirinha. Utilizei uma câmera digital de reflexo por uma lente (DSLR na sigla em inglês) das mais baratas montada sobre um tripé com uma velocidade de obturador tão lenta e com tanto atraso que eu podia apertar o botão e dar um passo para trás antes que a foto fosse capturada só para garantir que tudo estava de fato no lugar e com uma boa iluminação.

Use o script no qual vocês já trabalharam previamente para planejar as cenas, mas não se restrinja a tirar fotografias. Varie as cenas, brinque com o alinhamento dos personagens (a posição deles em relação aos outros) e tire uma série de fotografias com diferenças sutis de posição, perspectiva, close, distância da câmera em relação à caixa de luz e por aí afora. É sempre melhor ter várias opções para cada quadrinho do que ficar chateado com algum detalhe e ter de montar mais uma vez o cenário e fotografar novamente.

E não se preocupe muito com a resolução das imagens. Você não precisa fotografar com a câmera no modo RAW. Uma resolução típica de 3 megapixels será suficiente e você poderá encher seu cartão de memória com centenas de fotos para escolher quando chegar a hora de compor as tirinhas.

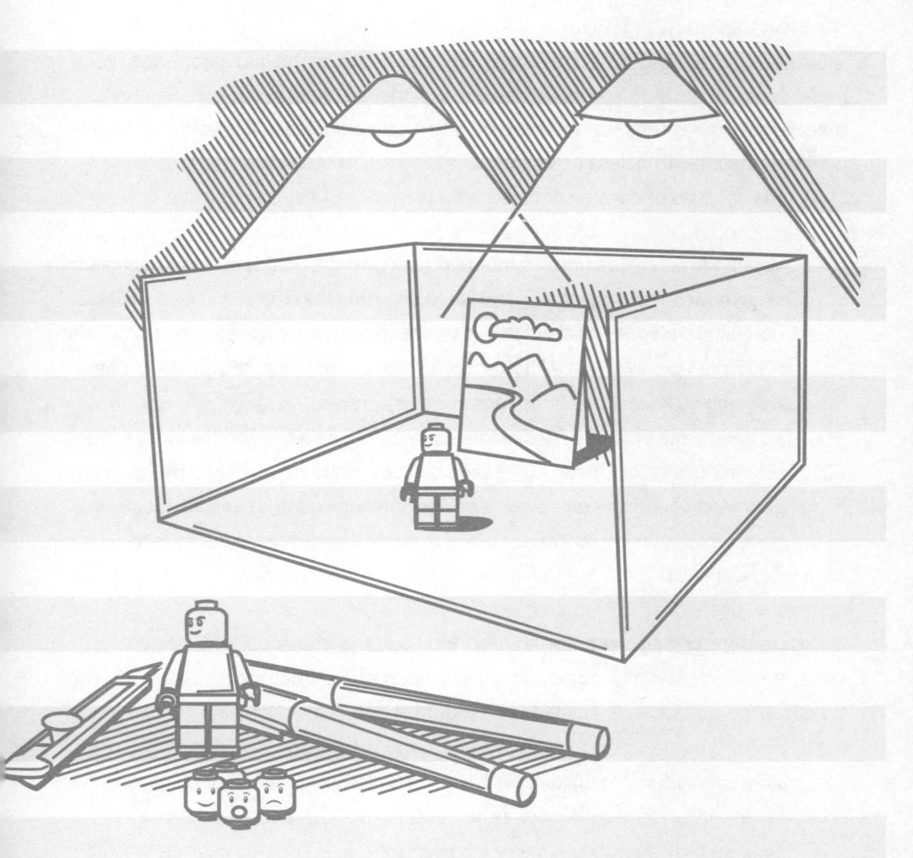

>> MONTANDO SUA TIRINHA

Eis agora o estágio da composição. Se seus filhos ainda são pequenos, você pode operar o teclado e eles assumirem o papel de diretor de arte. Se eles são mais velhos, ou entendem de tecnologia, é a sua chance de ficar de fora observando a imaginação deles correr solta.

Há uma série de opções disponíveis para que você construa a tirinha:

- Você pode usar algo simples como o Microsoft Word e criar os quadrinhos com tabelas, colando as imagens, e utilizar caixas de texto para fazer os balões de diálogo.
- Você também pode construir as tirinhas usando um dos muitos programas gráficos disponíveis por aí – Adobe Photoshop Elements, GIMP (GNU Image Manipulation Program) ou Pixelmator são os primeiros a vir à mente.
- Há igualmente programas dedicados à composição de quadrinhos caseiros. Eu usei o Comic Life Magiq (pode ser baixado por US$ 50,00 no site <www.plasq.com>) para Mac, pois possui excelentes *templates* e ferramentas de manipulação de imagem, de forma que não é necessário que as fotos estejam editadas antes de reuni-las na tirinha.

Depois de escolher o programa, é hora de soltar a criatividade. O resto é com você: o que você acha engraçado ou interessante? Como você gostaria de ver uma história ou piada ser contada? Eis algumas coisas a se pensar:

- Já que a maioria dos quadrinhos é feita quase literalmente apenas de cabeças falantes, juntar seus quadrinhos pode ser simples. Você pode usar a mesma foto algumas vezes ajustando somente um pouquinho o sentido para que pareçam fotos diferentes.
- Da mesma forma que fazem no cinema, mover a câmera de uma longa distância do objeto para uma média distância e depois dar um zoom pode contribuir para um efeito dramático ou cômico.

- Nunca se esqueça de que um quadrinho sem diálogo é um dos mais poderosos artifícios em uma HQ. Coloque a fala principal num quadrinho e no seguinte crie um quadrinho idêntico só que sem as palavras ou, melhor ainda, faça com que o personagem tenha alguma reação voltada diretamente para o leitor, o que pode valer ouro quando se quer fazer rir.

No final, dependendo do seu tema e das ferramentas utilizadas, sua produção deve ser parecida com esta (sobre uma conversa imaginária com o iTunes).

A melhor coisa dessa técnica é a facilidade de se reunir um banco de imagens – closes de diferentes expressões, ou interações genéricas entre personagens corriqueiros – a ponto de não ser necessário fotografar novas imagens todas as vezes que você tiver uma nova ideia. Depois de um tempo, você poderá simplesmente escolher algumas fotos do seu arquivo para criar novas tirinhas. Dessa maneira, em qualquer momento que você ou seus filhos tiverem uma nova ideia, a recompensa virá depressa (e as crianças aprendem lições valiosas a respeito de planejamento antecipado e se preparam para o futuro). Além disso, você já sabe, é divertido.

FREE WIL

FREE WIL
Você está trabalhando duro hoje...
É.
...
Repare que só estou tocando as músicas de que você gosta.
É.
...
Preste atenção em mim.

>> OS LIVROS CASEIROS DE COLORIR MAIS LEGAIS DO MUNDO

Desde o momento em que a criança é grandinha o suficiente para segurar um lápis de cor, colorir se torna um passatempo criativo que a maioria curte. E, por favor, preste uma atenção especial na palavra *passatempo*. Quantas vezes, em casa, durante dias de chuva, ou quando ficaram trancafiados em uma sala de espera, você NÃO ficou desesperado para que seus filhos tivessem um videogame ou uma televisão para servirem como babá eletrônica? Colorir pode ser uma maneira de passar o tempo muito construtiva, absorvente e criativa – até mesmo para crianças mais velhas. E pode ser tão portátil quanto um Nintendo DS ou um Playstation Portátil (PSP).

Entretanto, a seleção de livros de colorir disponível no mercado está sempre atrelada à cultura popular corrente ou é voltada para crianças mais novas, o que pode afastar as maiores. E se você pudesse criar o próprio livro de colorir para os

PROJETO	**OS LIVROS CASEIROS DE COLORIR MAIS LEGAIS DO MUNDO**
CONCEITO	Utilizar qualquer imagem que você ou seus filhos escolherem para eles colorirem ou ligarem os pontos.
CUSTO	$ - $$
DIFICULDADE	◕◕
DURAÇÃO	◷◷ - ◷◷◷
CAPACIDADE DE REUTILIZAÇÃO	↻
FERRAMENTAS E MATERIAIS	Papéis em branco, um fichário, lápis de cor ou hidrocores, um computador, scanner (opcional), programas de edição de imagens (Photoshop, Pixelmator, GIMP).

seus filhos, repleto de imagens que têm a ver com as coisas que eles realmente gostam e atraem sua atenção? Bem, você pode fazer isso. E é muito fácil. Eis o mapa da mina.

Graças ao fato de existir vários níveis de habilidade e interesse artísticos, mostrarei dois tipos diferentes de imagem para colorir que você pode criar. Primeiro, vamos ver a clássica atividade de ligar os pontos e, em seguida, as imagens para colorir. Todas elas serão feitas a partir de desenhos que podem ser encontrados na internet ou escaneados para o seu computador, fontes que você tem em casa.

>> LIGA-PONTO

Para começar, você precisa escolher uma imagem que será o desenho a ser colorido. Para o liga-ponto, o trabalho será muito mais fácil se você selecionar imagens simples. Entretanto, se você for paciente e quiser mais detalhes, pode se empolgar e usar figuras mais detalhadas. As atividades de ligar os pontos são ótimas para crianças que estão aprendendo a respeitar os limites (as bordas do desenho). E elas amam ser surpreendidas pelo que podem criar após desenhar uma série de linhas entre os pontos.

Para este exemplo, seremos bem simples: a insígnia da Aliança Rebelde.

(Conselho: se você já possui uma experiência razoável com programas de edição de imagens e sabe o que é uma camada, pode pular os próximos parágrafos e ir direto ao passo 2: "Selecione a ferramenta...".)

Partindo do princípio que você é um geek, vamos considerar que possui algum jeito com programas de edição de imagem, provavelmente para manipular imagens da sua câmera digital. Exemplos comuns (e bastante bons) de tais programas incluem o Adobe Photoshop Elements (a versão mais barata e mais fácil de ser utilizada do pesado Photoshop padrão), disponível para Mac e PC; Pixelmator para Mac; ou o GIMP, que funciona em PC, Mac ou Linux e é GRÁTIS, GRÁTIS, GRÁTIS.

Entretanto, pode ser que você ainda não tenha explorado muito esses programas. Se esse for o caso, eis uma aula rápida sobre as ferramentas que você utilizará.

"Camada" é um dos conceitos-padrão dos programas de edição de imagem. Conceitualmente, é algo muito simples. Imagine que você pegou uma imagem impressa, colocou um papel-vegetal por cima e copiou à mão os traços do desenho. Bem, uma camada é exatamente esse papel-vegetal, com a única diferença que funciona em seu computador de uma maneira digital e você pode ter quantas delas desejar.

PASSO 1 | Para este projeto, abra a imagem que servirá de base no programa de edição de sua preferência. Acrescente então uma camada. A maioria desse tipo de software possui um menu chamado "Camada" a partir do qual você pode "Acrescentar uma camada". Uma vez que você tenha feito isso, haverá uma camada transparente de papel vegetal digital sobre a sua imagem, sobre a qual você poderá desenhar sem afetar a figura original.

PASSO 2 | Selecione a ferramenta lápis ou caneta e um pequeno pincel de tamanho suficiente para fazer os pontos. Desenhe pontos pretos pelas margens da imagem em intervalos relativamente constantes. Linhas retas necessitam de apenas um ponto em cada uma das extremidades. Curvas precisam de mais pontos para que, quando forem ligadas, recriem o efeito curvo.

PASSO 3 | Esses programas em geral possuem uma janela de controle separada que mostra todas as camadas do projeto em andamento. Nessa janela, você deve "desligar" a camada com a imagem original de modo a visualizar apenas os pontos.

PASSO 4 | Se você quiser fazer o serviço completo, pode utilizar a ferramenta de texto do programa para acrescentar números junto a cada um dos pontos para dar a seu artista uma sequência para seguir. Ou pode simplesmente salvar o arquivo e imprimir quantas cópias seus filhos queiram colorir, deixando que eles soltem a imaginação e decidam como ligar os pontos.

>> DESENHOS PARA COLORIR

Obviamente, crianças mais velhas e aquelas com habilidade de pintura mais avançada desejarão algo um pouco mais desafiador do que ligar os pontos. O que é ótimo nesses programas é que eles possuem filtros que permitem que você gere vários desenhos para colorir com apenas alguns cliques. Esse tipo de atividade dá ainda menos trabalho do que o liga-ponto.

Escolha uma imagem. Eu, por exemplo, usei uma foto do meu clássico Nauga <www.nauga.com/promoitems_nauga.html> que tenho em meu escritório. Abri a imagem no Pixelmator e usei as ferramentas "Filter-Stylize-Line Overlay" para encontrar automaticamente as bordas da imagem, descartando todo o resto e fazendo um desenho perfeito para colorir (há configurações que você pode ajustar para que a figura fique da maneira desejada).

No Adobe Photoshop Elements, o processo é igualmente simples. Abra a imagem e utilize "Filtros-Estilização-Indicação de Arestas". Em seguida use "Realçar-Preto e Branco" para excluir as cores e você terá praticamente o mesmo efeito.

No GIMP, você pode tentar "Cores-Desaturar" e depois "Filtros-Detectar Bordas-Neon" e "Cores-Inverter" para obter um efeito similar. Você pode ter de utilizar algumas configurações para obter um resultado mais eficiente (e essas configurações podem ser salvas para futura utilização). O GIMP é de muitas maneiras um programa tão poderoso quanto os outros, mas não é tão fácil de usar, de modo que exige uma posição mais elevada na curva de aprendizado.

Uma vez que você já tenha dominado a técnica, pode mandar ver e projetar desenhos em massa para seus filhos, ou deixar que eles projetem os próprios livros de colorir, utilizando imagens que encontrarem na internet (a busca por imagens do Google é excelente para isso, apesar de você ter de ficar de olho em conteúdos inapropriados; ou procure pelos sites dos desenhos que eles gostam, como os da Disney e da Nickelodeon), ou escaneie imagens de livros ou outras fontes.

Uma outra maneira de fazer isso – com um pouco menos de criatividade (e, consequentemente, com um fator geek menor), mas sem a necessidade de nenhum tipo de software especial – é o Gerador de Desenhos para Colorir no site da marca de lápis de cor Crayola: <http://play-zone.crayola.com/play-zone/index.htm>.

>> CRIE O JOGO DE TABULEIRO MAIS IRADO

Em uma era em que o videogame parece ser o rei, é interessante perceber que, ao andar pela seção de brinquedos de qualquer grande loja de departamentos, ainda é possível encontrar prateleiras inteiras destinadas aos jogos de tabuleiro em todas as suas variedades. Todos continuam amando o prazer de baixa tecnologia oferecido pelo Jogo da Vida, War, Sobe e Desce, ou outros clássicos jogos de tabuleiro.

Para muitos (inclusive para mim), um dos melhores jogos de tabuleiro era o Mouse Trap, ou Jogo da Ratoeira (não confunda com o espetáculo da Broadway), em que o jogador tem de construir uma máquina de Rube Goldberg para capturar um rato de plástico. Se não jogássemos em uma mesa totalmente lisa e nivelada, certamente seria um desafio fazer com que a coisa funcionasse, mas, quando o ambiente contribuía, era pura mágica!

Entretanto, ao examinarmos qualquer jogo de tabuleiro, indo até seu cerne, vemos que há elementos comuns a todos eles: peças que se movem por um número de espaços baseadas em um número gerado de forma randômica; espaços especiais que proporcionam coisas interessantes, cartas especiais que concedem uma vantagem ou uma pena para os jogadores; e um espaço final a ser alcançado que representa o final de uma jornada emocionante. Em resumo: aventura. Crie a estrutura do jogo da maneira que você preferir: a luta para atingir o topo de uma trilha (Sobe e Desce), a simulação da vida moderna (Jogo da Vida), a busca pela dominação mundial (War). A maioria dos jogos básicos ainda está por aí.

Portanto, dado o espírito criador e criativo de todo geek, o que nos impede de fazer nosso próprio jogo de tabuleiro? Nada, eu afirmo!

Buildrz (o nome que dei para o jogo genérico) é um recurso grátis para que pais geeks possam criar jogos de tabuleiro e jogá-los com seus filhos. A questão

NOTA As instruções completas com tabuleiros para impressão e cartas em arquivos de formatos variados estão disponíveis na internet no site deste livro: <www.geekdadbook.com>. Na nossa página também estão disponíveis fóruns nos quais os jogadores podem sugerir as próprias modificações para o jogo.

PROJETO	CRIE O JOGO DE TABULEIRO MAIS IRADO
CONCEITO	Construa e customize seu jogo de tabuleiro baseado em um conceito simples.
CUSTO	$ - $$
DIFICULDADE	
DURAÇÃO	
CAPACIDADE DE REUTILIZAÇÃO	
FERRAMENTAS E MATERIAIS	Papel, hidrocores, bonecos, dado de seis lados, tijolinhos de Lego.

é que, em vez de correr até uma loja e comprar um jogo baseado nas ideias de outra pessoa, você pode ter uma ideia para um jogo de tabuleiro e acrescentar os próprios temas e imaginação para deixá-lo com a sua cara.

A ideia do jogo de tabuleiro é muito simples: é a jornada de um ponto a outro, baseada em alguma aleatoriedade (o rolar dos dados ou o giro de uma roda) e com desafios (tarefas a serem cumpridas, estratégias aplicadas contra ou pelos oponentes), tudo isso envolto por um tema principal que desperte a imaginação. O Buildrz desconstrói o jogo de tabuleiro deixando somente o esqueleto para que você crie os próprios temas e regras.

O que é mais importante no Buildrz é o que você faz com ele. No nível básico, um joguinho que possibilita a você e seus filhos jogarem juntos utilizando peças que vocês já possuem e compartilharem algumas horas agradáveis. Mas também pode ser um projeto que toda a família construirá junta, criando novos temas, cartas e mudanças que deixarão o jogo com a sua cara. Talvez o jogo se torne até mesmo uma tradição familiar: vocês o levarão quando forem acampar ou o usarão para se manterem entretidos quando faltar energia. E então não será mais meu jogo, e sim o da sua família.

>> CONSTRUINDO O JOGO

Antes de qualquer outra coisa, você precisará do tabuleiro e das cartas. Para fazer um tabuleiro pequeno, você terá de desenhá-lo em uma folha de papel de 28 por 44 centímetros, embora esta medida possa se mostrar insuficiente. É melhor prender várias folhas de papel com fita adesiva ou utilizar papel pardo para fazer um tabuleiro maior. Outra alternativa é imprimir o tabuleiro a partir do arquivo disponível em <www.geekdadbook.com> em um tamanho bem grande, dividi-lo em diversas folhas de papel e prendê-las com fita adesiva.

Ideias úteis | Uma mesa de sinuca, pingue-pongue, carteado ou outra superfície de trabalho espaçosa pode ser um bom local para montar uma versão em larga escala do jogo. Uma excelente fonte de folhas grandes são plantas de construção. Plantas antigas possuem um lado impresso e outro em branco, o que as torna ótimas para desenhar. Uma trena de madeira ou qualquer outro objeto com um dos lados retos pode ser útil para dividir o tabuleiro.

Você deve desenhar no tabuleiro o seguinte:

- Um círculo no centro do tabuleiro que servirá de Ponto de Chegada.
- Ao redor dele ficará o Rio Interno. Trata-se de um rio metafórico e, dependendo do tema que você escolher, ele pode ser transformado em um campo de força, um desfiladeiro a ser atravessado, ou o espaço místico entre mundos que serão interligados.
- Um anel ao redor do Círculo Interior.
- No anel, ficará localizada a Trilha Interior, com 24 espaços/casas, 4 Pilastras marrons que sustentarão as pontes que conduzem ao Ponto de Partida e mais 4 Pilastras

marrons que sustentarão as pontes para a Trilha Exterior. Quatro dos espaços na Trilha Interior são Pedágios (que devem ser amarelos) e 4 são Casas de Cartas (vermelhas e verdes), cuja utilização será explicada na seção de regras.

- Ao redor de tudo isso fica o Rio Exterior.
- Ao redor do Rio Exterior fica a Trilha Exterior, que engloba 36 espaços, incluindo um Pedágio amarelo adjacente a cada uma das Pilastras das pontes exteriores e 8 Casas de Cartas (vermelhas e verdes).
- A partir da metade de cada quadrante da Trilha Exterior ficarão as Trilhas que levarão ao ponto de partida de cada jogador. Deve haver 30 casas em cada uma das Trilhas de jogadores que conduzirão à Trilha Exterior ao redor do Rio Exterior, incluindo 10 Casas de Cartas (vermelhas e verdes). Este é um número para você utilizar como guia, baseado na ideia de que, *grosso modo*, a média do rolamento de um dado de seis faces é 3 (na verdade, 3,5), de forma que levará aproximadamente 10 turnos para que um jogador chegue à Trilha Exterior. Caso você queira utilizar um dado diferente ou tornar o jogo mais longo ou curto, pode mudar essa numeração de acordo com sua vontade. Se você tiver mais ou menos de quatro jogadores, também poderá construir um tabuleiro com um número diferente de Trilhas. Tenha apenas em mente a simetria que ajuda a criar um jogo equilibrado.
- Cada terceira casa ao longo de cada Trilha é uma Casa de Cartas, e quem parar nela precisa pegar uma carta de um dos dois baralhos. Os espaços alternam-se em verde, para Cartas de Defesa, e vermelho, para Cartas de Ataque.
- Há também Casas Numeradas ao longo das Trilhas dos jogadores que desempenharão um papel importante nos movimentos especiais executados durante o jogo. Contando a partir da primeira casa logo depois da Trilha Exterior e indo até o Ponto de Partida de cada Trilha, escreva "1" ao lado da primeira casa, "2" ao lado da quarta casa, "3" na nona casa, "4" na décima sexta, "5" na vigésima quinta (percebe um padrão?) e "6" ao lado do Ponto de Partida. Desenhe uma Casa para o Baralho em cada um dos lados do tabuleiro para as cartas de Defesa e Ataque.

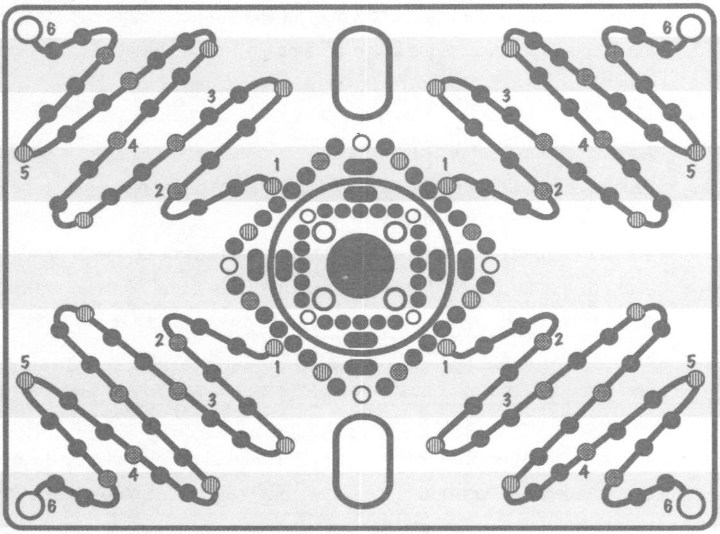

DICAS ÚTEIS

Quando desenhamos um tabuleiro em larga escala, é uma boa ideia desenhar tudo a lápis primeiro, usando réguas e tampas de garrafas para traçar a maior parte das linhas e formas. Em seguida cubra tudo com uma caneta hidrocor preta de ponta fina e pinte os espaços de acordo com as direções. Se você for imprimir o tabuleiro, é apenas uma questão de recortar as folhas nos locais certos e prendê-las com fita adesiva. Outra ideia legal é utilizar canetas para tecidos e desenhar o tabuleiro em um lençol para que ele possa ser dobrado e reutilizado.

Agora você vai precisar das cartas – vermelhas para o Ataque e verdes para a Defesa. Elas podem ser impressas em papel e cortadas, ou desenhadas em fichas de papelão de 8 por 13 centímetros com um pontinho colorido no verso para identificar que tipo de carta é. Seguem algumas sugestões de cartas e quantidades; entretanto, mais uma vez, você pode adaptá-las ao seu estilo e ao tema do seu jogo.

Cartas de Ataque (Vermelhas)

TEXTO DA CARTA	NÚMERO DE CARTAS
AVANCE 1 CASA	12
AVANCE 2 CASAS	6
AVANCE 3 CASAS	2
JOGUE NOVAMENTE	3
VÁ PARA A PRÓXIMA CASA NUMERADA	2
GANHE/ACRESCENTE UM TIJOLINHO	4
LANCE O DADO E VÁ PARA A CASA NUMERADA CORRESPONDENTE AO NÚMERO TIRADO	1

Cartas de Defesa (Verdes)

TEXTO DA CARTA	NÚMERO DE CARTAS
VOLTE 1 CASA	12
VOLTE 2 CASAS	6
VOLTE 3 CASAS	2
PERCA UMA RODADA	3
VOLTE PARA A CASA NUMERADA ANTERIOR	2
PERCA/REMOVA UM TIJOLINHO	4
LANCE O DADO E VÁ PARA A CASA NUMERADA CORRESPONDENTE AO NÚMERO TIRADO	1

As cartas são os elementos do jogo que podem ser mais significativamente customizadas. Se você inventar um tema para o jogo (viagem espacial, por exemplo), as cartas o ajudarão a retratar a ambientação. "Avance 1 casa" se torna "Decole para o próximo espaço", "Jogue novamente" se transforma em "Você atingiu a velocidade da luz. Jogue novamente". Esse tipo de coisa. E novas regras e estratégias podem ser acrescentadas. Que tal uma carta que transfira a posse de uma ponte ou faz com ela seja removida?

>> JOGANDO

Agora que você já construiu a coisa, o jogo está prestes a começar. Embaralhe as cartas e coloque-as em seus respectivos lugares. Cada um dos jogadores pode escolher um peão. Divirta-se com isso! Use bonecos ou, o que é ainda melhor, bonequinhos de Lego. Assegure-se de que os tijolinhos de Lego sejam colocados em um potinho para que estejam à disposição dos jogadores e, por medida de segurança, não coloque o pote perto demais dos petiscos.

As regras

Objetivo

Ser o primeiro construtor a cruzar ambos os rios e fazer todo o caminho até o Ponto de Chegada.

Peças necessárias

- Um peão para cada jogador – pode ser um brinquedo, bonequinho de Lego ou qualquer outro boneco.
- Um dado de seis lados.

- Um pote com peças sortidas de Lego (usar apenas peças pequenas tornará o jogo mais longo e desafiador) que serão utilizadas para construir as Pontes que levarão o jogador ao Ponto de Chegada.

Conceitos gerais

- Quem tirar o número maior no dado começa o jogo. O jogo roda para a esquerda.
- Cada jogador começa em um dos cantos do tabuleiro e deve seguir todo o caminho da própria Trilha, baseado nos resultados dos dados, até a Trilha Exterior.
- Uma vez na Trilha Exterior, as peças se movem no sentido horário ao redor do círculo.

Descrição de uma rodada

1. O jogador declara sua ação Buildr – ele pode pegar uma peça de Lego do pote, acrescentar a uma ponte já existente, formar uma ponte completa se estiver em uma Casa de Pedágio ou reparar uma ponte já montada. Ele também pode escolher passar sua ação Buildr.
2. O jogador pode jogar uma de suas cartas Buildr, se assim desejar. Apenas uma pode ser descartada por rodada. Cada carta pode ser utilizada em favor do próprio jogador ou contra um oponente e suas instruções devem ser seguidas.
3. O jogador rola o dado e move o número de casas indicadas na própria Trilha ou nas Trilhas Exterior e Interior em sentido horário. O jogador pega uma carta Buildr se para na Casa de Cartas e a acrescenta à sua mão.
4. O jogador pode descartar uma carta Buildr se não o fez no passo 2. Se alguma carta for descartada, suas instruções devem ser seguidas.
5. A rodada termina e segue a vez do jogador à esquerda.

Cartas Buildr

- As cartas Buildr podem ser descartadas antes de os dados serem rolados ou depois que o jogador concluir sua rodada.

- As cartas Buildr podem ser descartadas pelo próprio jogador ou por um oponente.
- As instruções de uma carta Buildr devem ser seguidas imediatamente pelo jogador a quem ela for dirigida.
- Cartas Buildr que indicam "Avance" ou "Volte um determinado número de casas" funcionam em qualquer momento.
- A carta "Jogue novamente" faz com que o receptor da carta jogue outra vez imediatamente após a rodada em curso (se estar for a vez dele) ou no final de sua próxima vez (se ele não estiver no meio da própria rodada quando a carta lhe for endereçada).
- A carta "Vá para a próxima casa numerada" funciona apenas para jogadores que ainda estão nas próprias trilhas.
- A carta "Volte para a casa numerada anterior" funciona como em qualquer momento do jogo. Jogadores nas Trilhas Exterior e Interior serão mandados de volta para a casa número 1 de suas Trilhas.
- A carta "Ganhe/Acrescente um tijolinho" permite efetivamente que o jogador retire uma peça Buildr adicional do pote. Ele pode tirar uma nova peça do pote, acrescentar uma peça a uma ponte em construção ou colocá-la em uma ponte já existente. Não é permitido que o jogador dê início a uma nova ponte.
- A carta "Perca/Remova um tijolinho" pode ter um desses três efeitos, determinados pelo jogador que a usar: ele pode devolver para o pote uma peça Buildr solta de sua coleção; pode remover uma peça de uma ponte em construção ou deve remover uma peça de uma ponte já construída, com isso danificando e impedindo a passagem até que seja reparada.
- As cartas de Lançamento de Dados podem ser utilizadas a qualquer momento, podendo ser apresentadas para qualquer um dos jogadores (incluindo o jogador que a descartou). Quem receber deve jogar o dado imediatamente e se mover para a casa com o número correspondente em sua Trilha.

Espaços especiais

- Casas de Cartas: essas casas, tanto as verdes quanto as vermelhas, indicam que o jogador que parar ali deve tirar uma carta do baralho da cor apropriada.
- Casas numeradas: quando uma carta de Lançamento de Dados é descartada, o jogador que a receber deve jogar o dado imediatamente e se mover para a casa com o número correspondente em sua Trilha.
- Casas de Pedágio: parar nas Casas de Pedágio amarelas permite que pontes sejam construídas. Elas podem ser atingidas apenas pela obtenção de um número exato no lançamento do dado ou do uso de uma carta. Se um jogador possuir uma ponte pronta quando ele parar em uma Casa de Pedágio, pode colocar a ponte nas Pilastras marrons adjacentes e se preparar para cruzá-la.
- Pontes: para cruzar uma ponte, o jogador deve ter parado em uma Casa de Pedágio do lado exterior na rodada anterior ou através de uma carta descartada antes do lançamento dos dados na rodada em curso. Cada ponte representa três casas: uma para a Pilastra exterior, uma para atravessar a ponte e outra para a Pilastra interior.
- Uma vez que um jogador cruzou a ponte exterior e consequentemente parou em uma das casas da Trilha Interior, ele não pode ser obrigado a voltar para a ponte por uma carta de "Volte um determinado número de casas". Ele só pode ser enviado novamente para o espaço exterior através de uma carta de Lançamento de Dados ou de "Lance o dado e vá para a casa numerada correspondente ao número tirado".

Estratégias

- Usar as cartas, tanto as de Defesa quanto as de Ataque, é muito importante, especialmente para alcançar as Casas de Pedágio ou evitar que outros jogadores as alcancem.
- Os jogadores devem colocar as próprias pontes no tabuleiro ou esperar que outros jogadores o façam e só então colocar as deles. Todos os jogadores podem utilizar qualquer uma das pontes.

- As pontes podem ser "danificadas" através do uso da carta "Perca/Remova um tijolinho", impedindo que sejam atravessadas. As pontes podem ser reparadas posteriormente apenas pelo proprietário com o acréscimo de um tijolinho no início da sua jogada.

>> OUTRAS QUESTÕES E IDEIAS SOBRE O JOGO

No fim das contas, o jogo será o que você fizer dele. Você deverá estabelecer o tamanho das pontes em relação ao tamanho dos brinquedos que utilizará como peões. Em geral, sugiro que as peças sejam capazes de sustentação nas três casas que as pontes representam. E as pontes devem atravessar o rio, com as bases colocadas sobre cada espaço destinado às Pilastras. É claro que, quando as pessoas estão competindo em um jogo, elas farão de tudo para burlar as regras e conseguir alguma vantagem, mas o jogo honesto deve ser sempre encorajado.

Algumas ideias possíveis de temas e gêneros para customizar o jogo:

- *Guerra nas estrelas:* crie um minirroteiro que tenha a ver com esse universo. Talvez os jogadores representem quatro grupos à procura de mundos perdidos, guardiões de antigos segredos, que podem ajudar a derrotar o Império. Os rios são barreiras galácticas que precisam ser sobrepujadas, e os tijolinhos que formam as pontes, uma tecnologia especial. Cartas customizadas podem mencionar pulos na velocidade da luz, informações reunidas por espiões Bothan e *upgrades* para sua nave feita por seu droide de confiança.
- *Senhor dos Anéis:* o jogo pode ser uma jornada pela história densa e profunda da Terra Média, onde as quatro raças – hobbits, humanos, elfos e anões – estão tentando descobrir um caminho para a ilha perdida de Númenor. As cartas podem representar bônus mágicos ou feitiços malignos lançados por Morgoth ou ataques de Orcs.
- *Um jogo de espionagem:* talvez cada jogador possa ser um superespião – James Bond, Jason Bourne e por aí afora – tentando resgatar uma informação vital da Inteligência escondida num lugar secreto.

- Ou *Battlestar Galáctica, As crônicas de Nárnia, Jornada nas estrelas, Harry Potter*... o que quer que você e sua família curtam!

UMA IDEIA AINDA MAIS LEGAL!

Neste capítulo, vimos o básico para criar um jogo. Mas você pode fazer mais! Faça os ajustes que quiser. Imprima o tabuleiro em um papel 28 por 45 centímetros ou cubra sua mesa com papel pardo e desenhe algo BEM grande. Considere inclusive usar canetas para tecido e desenhar o tabuleiro em um lençol que possa ser dobrado e reutilizado. Acrescente casas com propriedades especiais. Acrescente cartas com as mesmas funções já citadas ou crie novas. Use um dado diferente.

Ajuste a proporção de tijolinhos maiores ou menores para tornar o jogo mais fácil para as crianças menores e mais desafiador para as mais velhas. Uma ponte razoável pode ser feita com três tijolinhos do tamanho certo. Mas, se você desejar um jogo mais longo e criativo, a substituição de duas estacas de sustentação de Lego por oito gerará pontes mais longas, construções interessantes e mais tempo gasto na Trilha Exterior e nos Caminhos individuais.

Se você possui tijolinhos e bonequinhos de Lego, use-os. Há também o K'NEX, Pequeno Construtor e outros kits de construção genéricos. E então divirta-se usando outros brinquedos que você tiver em sua casa. A primeira vez que testamos o jogo, usamos uma miniatura do Dr. Who e um boneco do Flash.

E, ainda melhor, use o tema que você quiser para o seu jogo. Pode ser sobre fantasia (crie a própria busca heroica em *O senhor dos anéis*) ou ficção científica (uma corrida pelo espaço ou a reivindicação de um novo mundo que sua espécie possa chamar de casa), ou ainda sobre mundos antigos (seja o primeiro a construir pontes sobre os grandes rios e clamar pelo trono). O que você desejar!

>> ORIGAMI ELETRÔNICO

O origami é uma tradição artística que existe há pelo menos 1.300 anos (provavelmente mais) e, ao ser impregnada pela estética naturalista tradicional da cultura japonesa, passou a atrair também os geeks. Talvez isso tenha ocorrido graças a sua ligação com a cultura japonesa. Afinal, os geeks possuem paixão por mangás, mechas (robôs gigantes) e todas as coisas ninjas. Talvez os geeks apreciem o equilíbrio da parte técnica com a artística. Eu, por exemplo, fui "presidente" do Clube de Origami no ensino médio e todos os membros eram do meu grupo de D&D e da minha turma de física avançada.

Por isso, o origami pode ser algo realmente divertido para ser compartilhado com os filhos, em particular quando eles são mais novos. É praticamente o projeto de arte/artesanato mais barato que você pode desenvolver e envolve muita criatividade e imaginação. E, se as suas crianças fazem logo uma careta diante da ideia de que dobrar papéis para transformá-los em animais pode ser legal, simplesmente peça a elas que pensem que é como fazer os próprios bonecos e prometa que você encenará batalhas de Pokémons com eles quando tiverem terminado.

Mas como transformar o origami em algo ainda mais geeky?

Certo dia, eu estava dando uma olhada nas prateleiras da loja de artigos eletrônicos mais próxima em busca de peças e equipamentos quando percebi um item muito interessante chamado caneta para circuito impresso. Se você se lembra daquelas canetas de *glitter* que todos amavam no ensino fundamental, a ideia é a mesma. Mas o material a partir do qual a tinta é feita é prata de verdade, em uma suspensão de acetona e alguns outros produtos químicos com nomes compridos. Você pode usar a caneta para desenhar circuitos elétricos básicos ou consertar circuitos rompidos sem ser necessário solda ou entalhe: é a tinta que age como material fino de condução em uma placa de circuito e que conduzirá eletricidade.

Isso me fez pensar: o que mais é possível desenhar para formar um circuito? E o papel? Será possível desenhar um circuito em uma folha de papel e, digamos, acender uma lâmpada de LED a partir de uma bateria? E, se for possível fazer isso, daria para utilizar papel? Todas essas perguntas me levaram a este projeto.

PROJETO	**ORIGAMI ELETRÔNICO**
CONCEITO	Trace os circuitos em uma folha de papel, depois dobre-a em formatos interessantes e a ilumine.
CUSTO	$ - $$
DIFICULDADE	◕◕
DURAÇÃO	◷◷ - ◷◷◷
CAPACIDADE DE REUTILIZAÇÃO	↻↻
FERRAMENTAS E MATERIAIS	Caneta para circuito impresso (ou equivalente), papel, bateria CR2032, LED, fita adesiva, um clipe de papel grande.

Este projeto apresenta o conceito do origami eletrônico – vamos fazer tudo da maneira mais simples e construir uma caixa com um LED. Se você pegar essa ideia e aplicar seu espírito criativo, pode acabar criando luminárias decorativas ou até mesmo lâmpadas de emergência.

Você pode utilizar uma folha de papel carta comum de 28 por 21 centímetros dobrada em forma de quadrado: dobre uma das pontas diagonalmente em direção à extremidade oposta e depois use uma tesoura ou estilete para cortar o excesso de papel. Isso resultará em uma caixa suficientemente grande (com mais ou menos 26 centímetros quadrados). Uma vez que você dominar as técnicas de dobradura e desenho de circuitos, pode querer reduzir a proporção da luminária a tamanhos menores, o que realmente ajudará os circuitos, pois circuitos elétricos menores significam menos dispêndio de energia da resistência. Você pode também querer experimentar novos tipos de papel para ver qual deles suporta melhor as linhas da corrente. Papéis mais absorventes requererão linhas mais finas.

>> FAZENDO SUA LUMINÁRIA

PASSO 1 | Construa sua caixa baseado nas instruções e desenhos a seguir. Use um estilete para marcar bem as dobras.

A – Dobre a folha pela metade.

B – Dobre novamente a folha pela metade.

C – Abra a parte indicada pela seta.

D – Nivele o papel até que ele tome a forma de um quadrado.

E – Vire.

F – Repita os passos C e D.

G – Vire 180º.

H – Dobre a parte de cima e as duas abas laterais para dentro.

I – Dobre no meio.

J – Dobre ambas as abas superiores para baixo.

K – Dobre no meio novamente.

L – Abra as abas e as ajeite.

M – Dobre ambos os lados para dentro de acordo com as linhas pontilhadas.

N – Dobre as abas superiores para dentro de acordo com as linhas pontilhadas.

O – Dobre ambos os lados de acordo com as linhas pontilhadas.

P – Dobre as abas superiores para baixo.

Q – Empurre as extremidades superiores para fora formando um bolso.

R – Empurre com cuidado a parte de baixo.

S – Terminado.

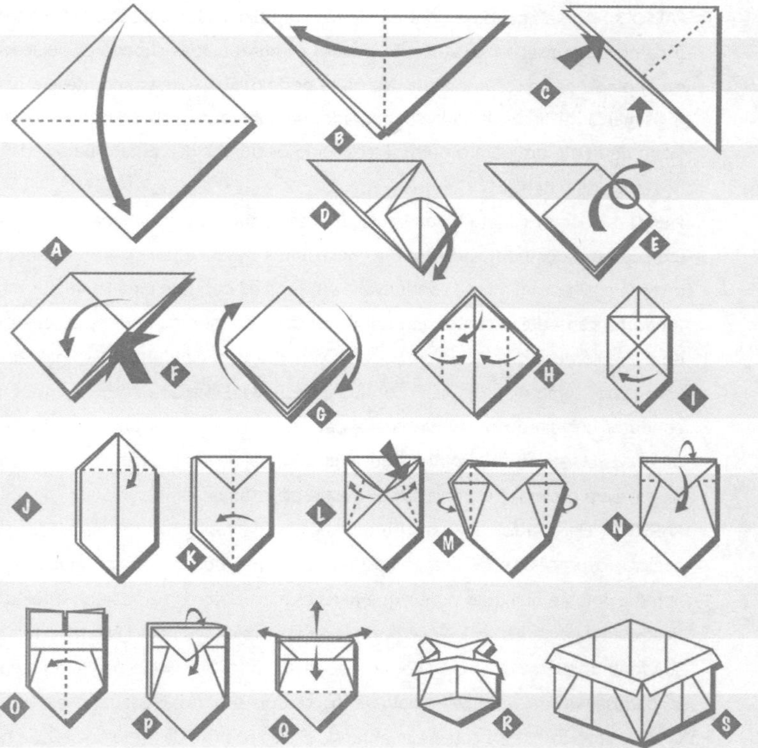

PASSO 2 | Você precisa identificar que caminho as linhas do circuito devem seguir, o que requer um traçado cuidadoso. Com um lápis, desenhe um pontinho no centro do fundo da caixa para identificar onde o LED ficará. Então escolha um dos cantos da caixa onde a bateria ficará. Note que há um bolso de papel em cada um dos lados. Insira a ponta do lápis mais ou menos até a metade de cada bolso e balance-o um pouco de um lado a outro para marcá-los.

PASSO 3 | Agora chegou a hora da eletrônica! Cuidadosamente desdobre apenas o canto das caixas onde estão as marcas e erga as abas superiores adjacentes expandindo os bolsos dobrados. Na parte onde o lápis foi passado, deverá haver duas marcas distintas de cada um dos lados da dobradura – quando dobrados, eles ficam de frente um para o outro. Esses serão os pontos de contato para cada um dos lados da bateria.

PASSO 4 | Com a caneta para circuito impresso, trace as duas linhas do circuito. Em cada um dos pontos de contato nos cantos desenhe um ponto do tamanho de uma ervilha com a tinta condutiva, e em seguida desenhe uma linha que vai do fundo da caixa até o centro. Em um ponto bem ao lado do centro, desenhe um bom círculo do tamanho de uma ervilha com material condutor para finalizar sua linha. Estes serão os seus "fios" positivo e negativo. Eles não devem se cruzar, e o condutor que sai do canto da bateria deve fazer contato com o fundo da caixa, onde o LED será encaixado. Você deve decidir qual deve ser o caminho mais apropriado para o condutor, contanto que este seja relativamente curto.

PASSO 5 | Deixe a folha secar (use um secador de cabelo ou um ventilador para acelerar o processo). Confira se não há nenhum problema de continuidade nas linhas e reforce qualquer ponto que parecer mais claro. Uma vez que a folha estiver completamente seca, você pode fazer um teste: segure o LED de forma que sua fonte toque os pontos de contato no meio da folha e então pegue a bateria e cuidadosamente a encaixe na dobra entre os dois contatos. Assegure-se de que o lado positivo da bateria esteja alimentando o lado positivo da fonte do LED. Se tudo estiver certo, você verá uma luz.

PASSO 6 | Para dar acabamento, junte novamente os cantos.

PASSO 7 | Ao olhar para dentro da caixa, você verá os circuitos traçados a caneta. Pegue o seu LED e, utilizando um pedacinho de fita adesiva, prenda-o no centro da caixa com uma fonte em cada contato. No ponto em que os circuitos terminam, ou seja, nas dobras que formam os cantos, encaixe a bateria

CR2032, com o lado positivo e negativo nos respectivos contatos. Para que a bateria encaixe bem no bolso, pode ser necessário utilizar um estilete para abrir uma brecha no papel ao longo da dobra adjacente, tornando possível encaixar a bateria a partir do lado de fora, debaixo da aba superior. Você pode mantê-la no lugar utilizando um clipe de papel. O LED acenderá e você terá criado sua primeira peça de origami eletrônico!

Este é apenas o começo. A variedade de origamis disponíveis na internet é praticamente ilimitada. Você pode fazer um dragão com uma boca flamejante utilizando uma luz vermelha! Pode até mesmo fazer aviõezinhos de papel com luzes de aterrissagem que acendem de verdade! Qualquer coisa é possível quando pais e filhos geeks trabalham juntos.

>> JACK DA LANTERNA CIBORGUE E OUTRAS DECORAÇÕES INSPIRADAS EM DATAS COMEMORATIVAS PARA TODOS OS TIPOS DE FAMÍLIAS GEEKS

O Dia das Bruxas é um grande dia para pais geeks e seus filhos. Entre criar fantasias caseiras legais e decorações assustadoras, é uma comemoração em que é possível ser criativo e se divertir de modo assustador. O projeto de Dia das Bruxas mais tradicional é, obviamente, o Jack da Lanterna. Mas, para uma família genuinamente geeky, depois de um tempo um simples corte de uma abóbora na forma de uma careta assustadora com uma vela dentro deixa de ser excitante. Este capítulo o ajudará a transformar uma tradição em um projeto high-tech com um verdadeiro apelo geeky!

As comemorações do solstício de inverno no hemisfério norte também são um período particularmente focado nas atividades em família na maioria das residências, e para os geeks não é diferente. Qualquer pai geek digno do título dará o seu melhor para recriar os melhores momentos de *Férias frustradas de Natal* no que diz respeito à decoração, e muitos de nós também faremos o melhor para incorporar tecnologia à decoração dos jardins.

Mas e as decorações internas? Independente de estarmos celebrando o Natal, o Hanukah, o Kwanzaa ou o Festivus, temos de expressar nossas identidades geekies! A seguir, algumas ideias para transformar qualquer celebração em um evento geeky.

PROJETO	DECORAÇÕES GEEKS PARA DATAS COMEMORATIVAS
CONCEITO	Ideias geekies para decorar sua casa em datas festivas.
CUSTO	$ - $$$
DIFICULDADE	◕◕
DURAÇÃO	◷ - ◷◷◷
CAPACIDADE DE REUTILIZAÇÃO	↻↻↻
FERRAMENTAS E MATERIAIS	Uma abóbora, lâmpadas (LED ou outras), placa Arduino para programação, motores, peças robóticas, um MP3 player, caixas de som movidas a bateria, tijolinhos de Lego, os LEDs e as baterias do projeto "Vaga-lumes em qualquer época do ano" da página 144, fios sortidos e outros acessórios técnicos úteis.

>> DIA DAS BRUXAS

Este projeto não é exatamente único, mas sim uma série de ideias para criar Jacks da Lanterna que o transformarão no assunto da vizinhança. Em lojas especializadas, há diversos kits que lhe permitem cortar sua abóbora da maneira mais criativa, formando não apenas rostos como também todos os tipos de estruturas e palavras. Muitos deles nos obrigam também a cortar a casca e retirar grande parte do conteúdo da abóbora para que a lâmpada colocada no seu interior deixe a imagem translúcida. Esses kits são ótimos, mas não são exatamente o que estamos procurando aqui.

Em vez disso, vamos ao cerne da ideia do Jack da Lanterna – o rosto entalhado – e a partir disso trabalharemos em três dimensões para dar vida a qualquer tipo de Jack: luz, som e movimento.

Entalhando sua abóbora

Muitos kits de entalhe para abóboras e ferramentas de corte são vendidos em lojas especializadas na época do Dia das Bruxas. Esses artigos, como diria o famoso geek do ramo da culinária Alton Brown, são ferramentas *uniutilitárias* patéticas que serão usadas uma vez e depois guardadas em uma gaveta durante o restante do ano. Economize dinheiro e use as ferramentas que você já tem. E quando digo "ferramentas" estou me referindo a ferramentas propriamente ditas.

Apesar de um facão afiado ser adequado para os cortes maiores, uma serra sabre apresentará resultados mais rápidos e satisfatórios! E, se você quiser fazer alguns cortes interessantes que não atravessem completamente a abóbora, que tal uma tupia? Você pode regular a altura de forma que não atravesse totalmente a abóbora e então cortar as formas e os espaços onde poderá adicionar alguns dos itens sugeridos nas próximas seções.

E apesar de a careta tradicional do Jack da Lanterna continuar sendo o máximo, ferramentas elétricas podem tornar outras ideias muito mais fáceis de serem realizadas. Por exemplo, em vez de fazer a boca com o formato de um sorriso, tente usar uma furadeira com a broca de ¼" e faça uma série de furinhos para que a boca fique parecida com um alto-falante industrial.

Assegure-se apenas de que, da mesma forma que você faz com os apetrechos de cozinha, suas ferramentas sejam limpas após serem utilizadas. Você não vai querer usar a furadeira algumas semanas depois do Dia das Bruxas e encontrar pedaços de abóbora podre. Ou vai?

Luz

A construção clássica do Jack da Lanterna inclui uma vela posicionada no meio da abóbora. Hoje em dia, podemos também utilizar uma lâmpada movida a bateria, embora a maioria das pessoas pense pequeno e se contente com uma única luzinha. Para o nosso Jack da Lanterna, vamos usar a mesma unidade BlinkM programada no projeto "Luminária irada de Lego e outros materiais reaproveitados" (página 222). Dê uma olhada nesse outro projeto para aprender a programar sua unidade BlinkM, com a diferença de que, para o Dia das Bruxas, o padrão será um pouco mais sinistro, com uma miscelânea de cores mais escuras que se alterarão em uma velocidade menor, sendo entrecortadas por um flash brilhante ocasional. Uma vez programada, a unidade pode ser colocada dentro da abóbora da mesma forma como colocaríamos uma vela e pode ser alimentada por um conversor DC/DC ou baterias. Outros recursos únicos e fáceis são lanternas com plásticos coloridos presos sobre o bocal ou qualquer um dos estrobos que também costumam tomar conta das lojas especializadas nessa época do ano.

Mas você pode fazer muita coisa com as lâmpadas. Talvez a BlinkM possa ser utilizada apenas para iluminar a boca do seu Jack da Lanterna Ciborgue. Para os olhos, pegue um par de chaveiros com lanternas de LED e corte dois buracos na superfície da abóbora de forma que as luzes reluzam em sua superfície. Ou compre dois (ou mais) kits de LED tiny Cylon no site <www.makershed.com>. Você pode montá-los tanto na vertical quanto na horizontal dentro dos orifícios cortados para os olhos, e depois programar os padrões de acendimento para criar os mais variados efeitos, desde de "escaneamentos" robóticos assustadores até olhos vesgos enlouquecídos.

Som

O som é uma adaptação ótima – e relativamente fácil – de ser incluída no Jack da Lanterna. A rota mais barata é arranjar um MP3 player velho – qual é, você sabe que dever ter algum iPod de duas gerações atrás largado por aí ou até mesmo um daqueles players pequenos e baratinhos operados com um simples toque. Acrescente a isso um alto-falante movido à bateria ou (caso você já esteja utilizando energia externa para acender as lâmpadas do Jack) uma caixa de som de computador, que será colocada dentro da abóbora e já estará quase pronto. Escolha uma trilha sonora bem assustadora e alguns efeitos sonoros sinistros ou faça uma seleção de músicas de Dia das Bruxas e você já terá o áudio.

Para dar um passo além, você pode criar uma versão viva. Coloque um alto-falante sem fio dentro da abóbora e conecte-o ao seu laptop. Use um microfone e um software de modulação de voz para produzir uma voz bem sinistra, e então, quando as pessoas pararem na porta da sua casa, faça comentários sobre suas fantasias. Para tornar a coisa ainda mais crível, inclua na abóbora uma webcam, também sem fio, de forma que você não tenha que ficar espiando suas vítimas pela janela. As consequências são muito, muito divertidas!

Circuitos ativados por som (você sabe o que faz sensores acionados por palmas, como o Clapper, funcionar) também são baratos e estão disponíveis para venda na internet em uma variedade de sites. Use-os para ativar a luz dentro da lâmpada (isso pode requerer algum tipo de programação! Que bom que na página 222, no projeto da luminária de Lego, você vai aprender como fazer isso...). Assim, as luzes dentro da abóbora podem piscar enquanto você fala através do alto-falante sem fio, tornando o efeito de fala do Jack da Lanterna Ciborgue ainda mais impressionante.

Movimento

Para criar um efeito de ciborgue completo, você precisará de algum tipo de movimento. Talvez as pálpebras possam abrir e fechar, e lanternas de laser instaladas nos lados do Jack da Lanterna possam girar quando as pessoas se aproximarem. As possibilidades são infinitas.

Dois métodos possíveis de colocar essas ideias em prática são:

O primeiro deles consiste em arrancar todo o interior de um carro de controle remoto e usar os mecanismos de condução e direção.

O segundo é um pouco mais caro (a não ser que, como um bom pai geek, você já tenha um kit em casa) e consiste em usar um kit de Lego Mindstorms NXT. Você pode cortar o fundo da abóbora e colocá-la sobre uma base robótica com rodas construída com o kit Mindstorms. Você poderá controlá-lo por controle remoto ou até mesmo programar o robô para se mover quando "ouvir" barulhos ou "ver" algum movimento, o que pode ser muito assustador!

Juntando tudo

Você obviamente vai precisar de uma abóbora bem grande se for incluir todas essas ideias dentro dela. Ferramentas elétricas são uma excelente ajuda para facilitar os cortes. Eu mesmo utilizei uma furadeira e uma tupia para fazer o meu Jack da Lanterna.

Se você vai colocar itens eletrônicos dentro da abóbora, ela precisa estar bem limpa e seca. Considere colocar toalhas de papel na parte de baixo da abóbora para absorver toda a umidade. E esse fundo também precisa estar o mais plano possível. Para levar fontes de energia externas até a abóbora, é só fazer um furinho na parte de trás para passar os fios. Se você tiver de instalar algo nos lados internos, tente construir uma armação de gravetos presos com fita adesiva espetados na fruta.

No fim das contas, o Jack da Lanterna de uma família é uma criação bastante pessoal, já que nenhum deles é exatamente igual a outro. Se você utilizar qualquer uma das ideias deste capítulo, por favor, fotografe ou faça um vídeo e poste-os nos fóruns dedicados a este projeto no site <www.geekdadbook.com>. Eu adoraria vê-los e compartilhá-los com nossa comunidade.

>> FESTAS DE FIM DE ANO

Como já discutimos, o Lego é o melhor amigo do geek, especialmente quando se trata de construir coisas. Então, se você vai fazer as próprias decorações, por que não meter as mãos nos tijolinhos?

Você pode economizar o dinheiro que gastaria em lojas de enfeites natalinos, que mais parecem as naves espaciais dos seus (nossos) seriados de ficção científica preferidos. O que acha de, em vez disso, construir algo realmente legal?

Árvore de Natal de Lego

Um projeto muito fácil e que pode ser repetido todos os anos é montar uma pequena árvore de Natal de Lego e depois utilizar os conceitos da bateria e do LED, demonstrados no projeto dos vaga-lumes na página 144, para dar o efeito das luzinhas. Como os LEDs não esquentam, você pode conseguir um efeito bem legal fazendo com que eles acendam dentro de tijolinhos transparentes de Lego:

1. Comece com um tijolinho marrom de 5 por 10 centímetros como base e depois encaixe os seguintes tijolinhos marrons em camadas, centralizados a partir do meio do primeiro tijolinho, que servirá de base: 5 x 5, 5 x 5, 5 x 10, 5 x 5, 5 x 5, 5 x 5. Esse será o tronco da árvore.
2. No segundo tijolinho marrom de 5 x 10 (ou o quarto nível da árvore), encaixe um tijolinho verde de 5 x 10 debaixo de cada um dos lados do tijolinho marrom que ultrapassa os tijolinhos menores sob ele (um tijolinho verde de 5 x 10 de cada um dos lados).
3. Encaixe um tijolinho verde de 5 x 5 no topo de cada um dos verdes de 5 x 10 que você acabou de encaixar, de forma que os tijolinhos de 5 x 5 fiquem adjacentes aos marrons de 5 x 10 de ambos os lados.
4. Encaixe um tijolinho verde de 5 x 7,5 em cada um dos lados de forma que fique sobre os dois galhos marrons expostos e os quatro galhos verdes expostos formados pelos tijolinhos que você acrescentou no passo 3.
5. Encaixe dois tijolinhos verdes de 5 x 5 em cada um dos lados sobre os tijolinhos de 5 x 7,5 do passo 4 de forma que ladeiem os dois tijolinhos de 5 x 5 emparelhados que formam a parte superior do tronco. O topo dos tijolinhos verdes deve agora estar emparelhado com o topo dos tijolinhos marrons, deixando uma superfície de 5 x 15.
6. Encaixe dois tijolinhos verdes de 5 x 10 centralizados no topo da árvore.
7. Acrescente um tijolinho verde de 5 x 5 centralizado no topo dos dois anteriores.

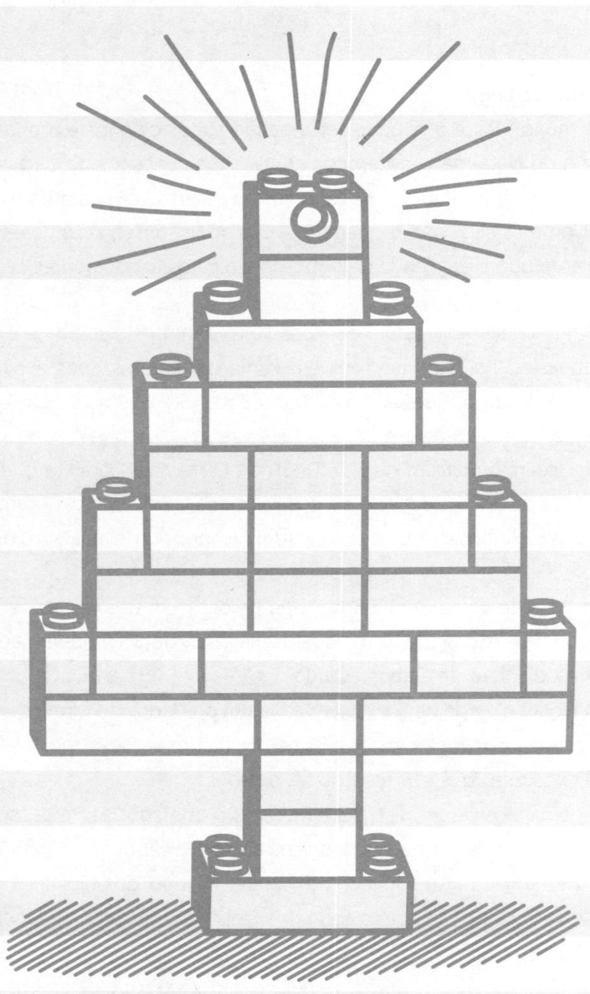

8. Se você tiver uma dessas peças, use um único tijolinho verde de 2,5 x 5 com um buraco no meio (comuns nos kits Technics) bem no topo como suporte para o LED.
9. Na quinta, sétima e nona linhas de tijolinhos, acrescente um tijolinho transparente de 2,5 x 5 nas extremidades de ambos os lados. Essas peças completarão o formato da árvore e parecerão enfeites feitos de vidro. Se você possuir ainda algumas peças disponíveis, coloque um tijolinho bem pequeno, daqueles de um único pino, colorido (talvez, digamos, vermelho ou verde?), no topo de cada um dos lados da décima fileira.
10. Encaixe o LED do seu vaga-lume no buraco do topo do tijolinho, prenda-o por trás com um pedaço de fita adesiva e é só acender!

Se não for violar seu grau de ortodoxia, você pode adaptar esta ideia para um menorá (ou fazer os dois). Construa um menorá de Lego com cada um dos bocais para as velas substituídos por repositórios para os vaga-lumes. A mesma construção também pode ser aplicada para o tradicional ritual de acender velas do Kwanzaa. Mas ainda há outras ideias além do Lego.

Guirlanda geeky

Uma das decorações mais comuns, seja no Natal ou em seu predecessor cultural, o solstício de inverno, é a guirlanda. A entrada "Guirlanda do Advento", ou Coroa do Advento, na Wikipédia nos dá a seguinte definição:

> O anel ou círculo de ramos verdes decorado com velas já era um símbolo no norte da Europa muito antes da chegada do cristianismo. O círculo simbolizava o eterno ciclo das estações, enquanto os ramos verdes e as velas acesas significavam a persistência da vida em meio ao inverno.

Essas primeiras guirlandas eram horizontais (e com o tempo passaram a ser chamadas de guirlandas do Advento). Em algum momento, elas se tornaram verticais e foram penduradas nas portas das casas como forma de decoração. Naquela época, a fabricação de guirlandas decorativas era um negócio bem lucrativo.

Entretanto, para a nossa guirlanda, em vez de ramos verdes e flores, seremos um pouco mais preocupados com o meio ambiente e reutilizaremos alguns materiais que todos os bons geeks viciados em tecnologia têm em casa.

Em algum lugar da sua casa deve haver uma caixa, um cesto ou um tubo de plástico repleto de cabos. Podem ser cabos USB extras, firewires, cabos seriais ou até mesmo cabos paralelos. Podem ser adaptadores AC ou cabos de força de computadores antigos ou o cabo de dados daquela câmera digital de 2 megapixels que você comprou dois anos atrás e costumava conectar à sua televisão para mostrar as fotos. Provavelmente deve haver até uma linda coleção de componentes, conectores, cabos DVI e outros tipos de cabos AV, todos amontoados para o dia em que você SABE que precisará deles, motivo pelo qual você guardou tudo isso.

O primeiro passo para a cura é admitir que você tem um problema.

O próximo passo é pegar todos esses fios e trançá-los em uma guirlanda festiva.

Dependendo da sua habilidade em trançar fios de tamanhos diferentes, é provável que você queira trapacear um pouquinho e ir até a loja de artesanato mais próxima comprar uma armação de arame ou madeira ao redor da qual possa trançar os fios. É possível utilizar abraçadeiras ou simplesmente fita adesiva para mantê-los no lugar (uma aplicação artística de fita isolante pode dar à sua guirlanda um visual perfeito).

O importante não é fazer com que os fios pareçam organizados, nem fazer com que a guirlanda pareça bem trançada. Nesse caso, um pouco de caos é muito bem-vindo. E, se realmente quiser dar um passo além, não se contente apenas com os fios. Da mesma forma que as mais bonitas guirlandas de portas ostentam diversos ornamentos, você pode fazer o mesmo com os mais diferentes detritos tecnológicos que se acumulam na sua casa: discos rígidos antigos, mouses, webcams, roteadores, coolers, alto-falantes, o que quer que seja. Pendure-os na guirlanda e espalhe o espírito geeky. Acrescente alguns pisca-piscas de Natal para dar vida ao seu projeto, pendure-o na porta e impressione os vizinhos.

>> PINTURA A DEDO COM BRINQUEDOS DE CORDA

Assim como colorir, a pintura a dedo é um dos prazeres infantis criativos mais perfeitos. Bem, é prazeroso para as crianças, mas nem tanto para pais e professores, que têm de limpar toda a sujeira depois. No fim das contas, entretanto, o intuito dessa atividade é deixar que os filhos se expressem para que você acabe com uma obra de arte abstrata para pendurar na geladeira ou na sua mesa de trabalho por alguns meses.

Mas, como pais geeks, estamos sempre procurando novas maneiras de fazer as coisas. Este é um projeto perfeito para crianças menores e ideal para dias de sol ou finais de semana em que você precisa matar o tempo de maneira criativa.

PROJETO	**PINTURA A DEDO COM BRINQUEDOS DE CORDA**
CONCEITO	Fazer arte abstrata usando brinquedos baratos de corda ou movidos a bateria que você tiver em casa.
CUSTO	$ - $$
DIFICULDADE	◕
DURAÇÃO	◷ - ◷◷
CAPACIDADE DE REUTILIZAÇÃO	GGG
FERRAMENTAS E MATERIAIS	Papel pardo, tintas, brinquedos que se movam sozinhos.

Em uma escala criativa, este projeto se situa em algum lugar na fronteira entre a pintura a dedo clássica e a espirografia. A ideia principal é utilizar qualquer brinquedo de corda que você tiver em casa e pincéis para suas pinturas, mas você pode ir ainda mais além.

A preparação é simples. Papel pardo, encontrado em qualquer papelaria, é a tela mais fácil de ser utilizada. Prenda no chão ou a uma mesa um pedaço de papel do tamanho que você desejar para a sua obra quando finalizada.

Agora, o segredo deste projeto é que você precisará de barras de contenção. Coloque barreiras para restringir os movimentos dos brinquedos de forma que eles não andem para fora do papel. Trenas, réguas e martelos podem funcionar muito bem, dependendo do tamanho da tela.

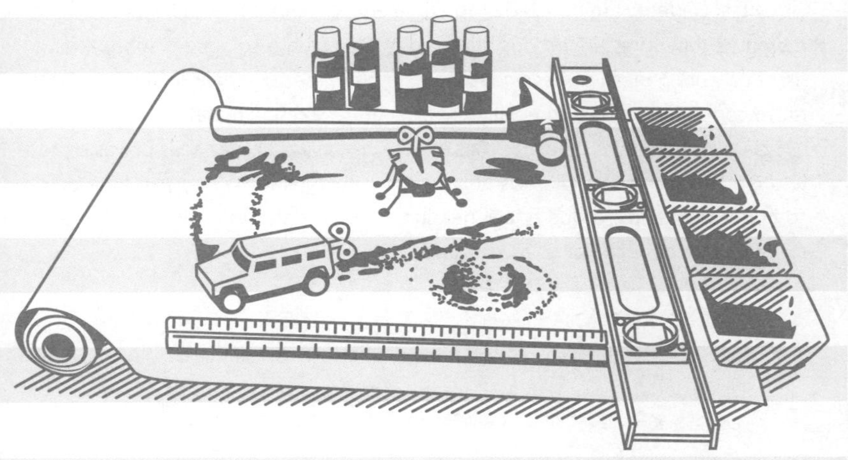

A escolha do brinquedo é importante. Você pode decidir usar o que estiver disponível em sua casa. Hoje em dia há uma enorme quantidade de brinquedos de corda oferecidos como brindes junto com os lanches infantis das grandes redes de fast-food, e é bem provável que você tenha algum desses por aí. Mas, se você quiser um projeto um pouco mais tecnológico, considere utilizar alguns dos vários minirrobôs de brinquedo que possuem sensores simples que os fazem perceber paredes e desviar delas. Isso fará com que você tenha o máximo de "pinceladas" na tela.

A não ser que você queira que a obra artística dure por toda a eternidade, compre as tintas mais baratas que encontrar na papelaria, nas mais variadas cores vibrantes. Derrame um pouco de cada tinta em potinhos e mergulhe os pés ou os membros superiores de um dos brinquedos. Dê corda e coloque-o sobre a folha de papel para que ele comece a fazer aquilo que sabe fazer melhor. Repita a operação com brinquedos e cores diferentes. A graça só aumentará!

É claro que uma das preocupações mais significativas despertadas por este projeto é a possível destruição dos brinquedos – você terá que limpar a tinta deles se quiser mantê-los, o que é fácil quando se usam tintas mais baratas. Só tome cuidado para não molhar os mecanismos.

UMA IDEIA AINDA MAIS LEGAL!

Se você quiser que o seu projeto seja um pouco mais permanente do que algo afixado na geladeira, utilize cola spray para laminá-lo sobre um pedaço de papelão e depois aplique uma camada ou duas de spray de poliuretano para conservar a tela.

Diversão simples para uma tarde.

>> CRIE UMA CARTILHA DE SUPER-HERÓIS

Odeio ouvir meus filhos perguntarem "Falta muito?" quando estamos viajando de carro. Então sempre dou o meu melhor para mantê-los entretidos. (Ok, eu confesso, o DVD player também ajuda um pouco...) Certa vez, decidi brincar de jogo de palavras com eles. Já que nos últimos tempos havíamos brincado muito com bonecos de super-heróis, imaginei que poderia trabalhar com esse dado.

"Vamos brincar de um jogo de palavras sobre super-heróis", propus. Isso atraiu a atenção das crianças, que pararam de se incomodar com a distância e demonstraram sua curiosidade. Apresentei o jogo: vamos falar todas as letras do alfabeto, uma por vez, e dizer ao menos um nome de super-herói que comece com cada uma das letras. *A.* Aquaman, Angel, Apocalypse. Logo estávamos nos distraindo enquanto avançávamos estrada afora. Lembramos do Batman, do Besouro Azul e do Banshee com a letra *B.* Claro que de vez em quando o velho papai geek teve que ajudá-los a refrescar a memória, mas eles logo ficaram concentrados no jogo, que durou a viagem toda. Às vezes, o tema é super-heróis, outras, personagens do Super Mario.

Esse jogo, entretanto, me fez pensar como seria legal criar uma dessas cartilhas ABC ilustradas cujos personagens fossem os super-heróis. Mas eu não queria apenas fazer um livro para meus filhos. Queria fazê-lo junto com eles. E foi exatamente o que fizemos.

[Este projeto foi desenvolvido pela primeira vez por Andrew Kardon para o site GeekDad.com.]

PROJETO	CRIE UMA CARTILHA DE SUPER-HERÓIS
CONCEITO	Fazer uma cartilha caseira ilustrada usando a maior quantidade de super-heróis que você conseguir encontrar.
CUSTO	$
DIFICULDADE	◕
DURAÇÃO	🕒 - 🕒🕒
CAPACIDADE DE REUTILIZAÇÃO	♻♻♻
FERRAMENTAS E MATERIAIS	Cartolina (aproximadamente 15 folhas de cores diferentes), furador de papel, barbante ou lã (os mais coloridos e malucos que você conseguir encontrar), cola em bastão, tesoura, computador, impressora, uma boa ferramenta de busca.

PASSO 1 | Convocando todos os heróis!

Coletar as imagens é o seu primeiro passo (e também o mais longo). Você vai querer várias figuras diferentes para cada letra. E pode utilizar uma ou duas páginas para cada letra, o que definirá de quantas figuras precisa. A maneira mais fácil de consegui-las é entrar na internet e começar a procurar por super-heróis cujos nomes começam com cada uma das letras.

Não há nenhum mal em admitir que você precisa de alguma ajuda, por isso há diversos dicionários de heróis disponíveis on-line que podem ser úteis quando você ficar preso em alguma letra ou precisar de personagens adicionais. Eis uma lista dos sites que me foram mais úteis:

The Superhero Dictionary: <http://shdictionary.tripod.com>

Comic Vine: <www.comicvine.com>

Marvel Universe, o oficial da Marvel: <http://marvel.com>

Encontre uma boa imagem de cada personagem (peça a ajuda de seus filhos para que escolham as de que mais gostam), salve-as no computador e imprima tudo colorido. Você pode ter um pouco de trabalho para redimensionar algumas imagens, mas no fim das contas terá um monte de imagens de super-heróis vestindo roupas coloridas. E, contanto que você não esteja planejando colocar o livro à venda, não precisa se preocupar com direitos autorais.

Com as imagens impressas, pegue a tesoura infantil mais segura que conseguir e deixe que seus filhos cortem todos os personagens. A única regra é que tudo é válido. Se meus filhos quisessem manter as imagens de fundo de uma figura, tudo bem. Se queriam cortar apenas a cabeça de um personagem, também estava legal. O livro era deles, portanto o que quer que desejassem estava ótimo.

PASSO 2 | Mandando ver!

Quando as imagens estiverem prontas, é hora de montar o livro. Prepare o livro propriamente dito pegando trezes folhas de cartolina e furando três buracos ao longo do lado esquerdo. Fure as páginas antes de qualquer trabalho de verdade ser executado, ou poderá acabar furando uma figura ou uma letra. Com os furos feitos, deixe que seus filhos usem lápis de cor ou hidrocores para escrever cada letra do alfabeto no alto de cada página. Assegure-se somente de que a cor seja escura o suficiente para sobressair na cartolina colorida.

Meus filhos também quiseram incluir capa e quarta capa, folha de rosto e uma página para a dedicatória. Por isso, incluí mais quatro folhas ao processo.

PASSO 3 | Cola em bastão a postos!

Esta é a parte divertida. Comece fazendo pilhas com as imagens de super-heróis, agrupando-os por letra. Quando vocês estiverem com todos os super-heróis com a letra *A*, comecem a colá-los na página da letra *A* do livro. Já que a cartolina possui duas faces, fizemos metade do alfabeto primeiro e deixamos essas páginas secarem antes de virá-las para terminar a segunda parte do alfabeto.

Contanto que as imagens não cubram os furos que formarão a espinha do livro, está tudo ótimo. Tentamos entulhar o maior número possível de figuras em cada página, mesmo que as imagens ultrapassassem o papel. Isso só acrescentou um pouco de mágica 3D à diversão.

Quando todas as figuras estiverem coladas e secas, deixe que seus filhos façam a capa. Assegure-se de que incluam um título e o nome dos autores, de modo que recebam o crédito pela autoria do livro. Uma folha de rosto é uma boa desculpa para escrever o título novamente e colar mais algumas figuras. Alguns ainda vão querer incluir uma página de dedicatórias, o que dará aos seus pequenos geeks a oportunidade de atuarem como verdadeiros atores e dedicarem o livro a um amigo ou a uma pessoa querida.

PASSO 4 | Vingadores (e todos os outros), reúnam-se!

O último passo é juntar tudo. Literalmente. Corte um pedaço de barbante, passe-o através dos furos e amarre-o com um nó bem apertado. Repita o processo mais duas vezes de forma que todos os furos fiquem atados. E eis uma "Cartilha de super-heróis" superlegal, pronta para ler ou ser lida por você para seus pequenos. Seja apenas cuidadoso ao virar as páginas e tenha sempre um bastão de cola à mão para colar novamente qualquer aba que tenha se soltado.

Se seus filhos curtiram fazer este projeto, você pode facilmente criar outros temas baseados nos interesses deles. Jogadores de futebol, personagens de videogame, desenhos animados, comida etc. Boa sorte!

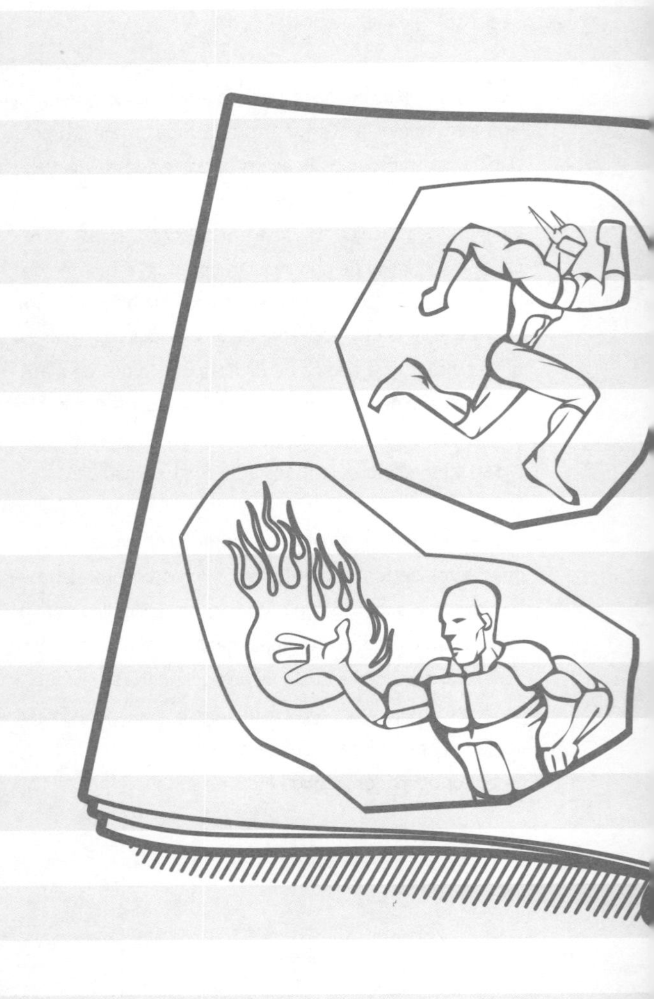

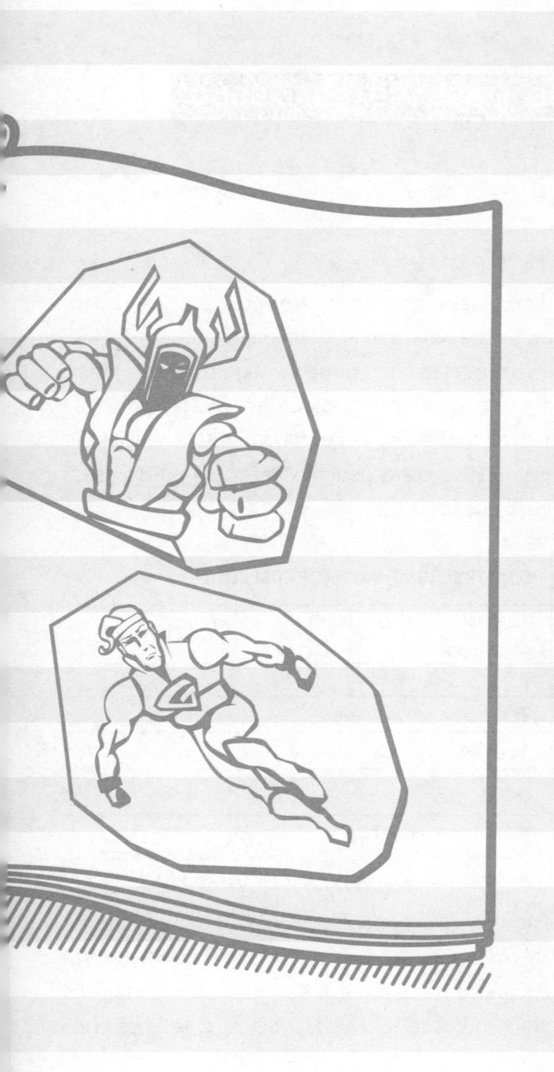

>> CONSTRUÇÃO DE MODELOS COM BOLO

A construção de modelos é uma prática geeky por excelência. Desde kits para montar carros em miniatura e aviões até os dioramas Warhammer, ou Torres Eiffel feitas de Lego e palitos de dente, a obsessão por representar algo em escala maior ou menor com materiais variados tem estado conosco desde muito tempo.

Faremos um tipo de construção de modelo que une dois interesses geekies. Se você e seus filhos amam comida, neste projeto poderão trazer um pouco dessa paixão para o mundo da construção de modelos.

PROJETO	**CONSTRUÇÃO DE MODELOS COM BOLO**
CONCEITO	Construir projetos com bolo para a escola ou só por diversão.
CUSTO	$
DIFICULDADE	◕
DURAÇÃO	◷ - ◷◷
CAPACIDADE DE REUTILIZAÇÃO	↻↻↻
FERRAMENTAS E MATERIAIS	Mistura para bolo, cereal de arroz (no estilo "cocô de rato"), marshmallows, cobertura fondant, glacê, corante alimentício, várias panelas e utensílios de cozinha.

A principal referência para este tipo de projeto é o programa de televisão de sucesso norte-americano *Ace of cakes* (Era dos bolos), em que o célebre artista de bolos Duff Goldman e sua equipe constroem o que são, na verdade, modelos elaborados feitos de bolo ou de produtos relacionados a bolos; e, se você prestar atenção, perceberá que todos eles são, de um jeito ou de outro, geeks. (Ok, vamos admitir, um ou dois parecem mais uns mauricinhos, mas vamos dar um desconto para os caras pelo trabalho incrível que fazem.)

Construir um projeto a partir de algum material específico é uma tarefa que simplesmente parece cair no colo de todas as crianças em algum momento de sua vida escolar. Na Califórnia, alunos do quarto ano têm de construir um modelo de uma missão californiana como parte da nota final. Em alguns distritos escolares da Pensilvânia, os estudantes podem escolher a construção de um modelo histórico para preencher alguns dos requisitos para serem aprovados. E inúmeras outras escolas obrigam os alunos a recriarem edifícios, lugares ou eventos históricos através de réplicas em pequena escala como forma de transmitir uma compreensão mais profunda de um determinado assunto ou época.

Em geral, esses projetos são feitos de isopor ou argila, com animais de plástico ou pessoas sobre um tábua de madeira, e... não são nada inspiradores. Mas, com alguma criatividade, podemos conseguir algo muito mais interessante e divertido (e gostoso também). Podemos fazer nossos modelos com bolo.

Este projeto é baseado em um modelo real que meu filho Eli e eu construímos para a aula de história no quarto ano, de uma missão californiana. Eli é fã de comida desde pequenininho – ele adora assistir a Alton Brown e seu programa *Iron chef America* tanto quanto desenhos e jogos de beisebol. Foi ideia dele construir esse modelo com bolo. Quando minha esposa e eu ouvimos isso, ficamos radiantes de orgulho.

Quando você estiver planejando construir um modelo parecido, especialmente se o modelo for de um edifício, há três materiais que devem ser utilizados: bolo, docinhos de arroz (ou "cocô de rato", típico dos saquinhos de São Cosme e Damião) e fondant. Você utilizará bolo para formar a maioria das estruturas (no nosso exemplo, a grande e sólida estrutura da igreja da missão) e usamos o cocô de rato para a maior parte das demais estruturas, já que se trata de uma substância fácil de ser moldada e cortada em formatos customizados. O fondant é a cobertura que faz tudo parecer liso e bem acabado.

Quando estiver planejando o modelo, terá de decidir quais serão os materiais ideais para as diferentes partes das estruturas. Formas geométricas básicas podem muito bem ser feitas com bolo, desde que você seja capaz de encaixar pequenas camadas de bolo no topo de algumas dessas estruturas e utilizar uma faca serrilhada para obter o formato desejado. Você deve criar elementos mais estruturais ou delicados como colunas ou arcos com cocô de rato, já que este pode ser moldado como se fosse uma argila bem granulosa e possui propriedades estruturais úteis, podendo ser moldado em formatos tridimensionais.

Uma missão californiana possui uma estrutura bastante simples. Há a igreja, que serve como edifício principal – geometricamente um prisma retangular com outro prisma, só que triangular, no topo –, e as residências dos freis e outras instalações construídas ao lado da igreja, ao redor de uma praça que cerca um pátio com um jardim e uma fonte no meio. Essas outras construções em geral tinham varandas e passadiços sombreados com aberturas em forma de arco. Nosso plano era construir a igreja com bolo e os edifícios com cocô de rato e, em seguida cobrir tudo com uma camada de fondant branco que pareceria bastante com o tom branco-lavado do estuque tão comum nas missões.

1. Comece preparando quatro bolos em assadeiras retangulares comuns. Pode ser a receita de bolo mais barata que você encontrar ou algo melhor, dependendo de uma decisão das mais importantes: se você quer ou não comer o bolo. Se o produto final do projeto for um modelo para um trabalho de escola, é provável que ele permaneça intocado por dias após ser preparado, o que significa que não poderá ser comido e você não precisará se preocupar tanto com o gosto. Mas, se você quiser comê-lo, não custa nada dar um upgrade nos ingredientes.

2. Se for preparar o próprio glacê, faça isso já – faça duas panelas de glacê branco e reserve-o para que sirva como cimento durante a fase de construção.

3. Enquanto os bolos estão assando, prepare cinco porções da mistura de cocô de rato, cozinhando-a em uma forma para que, quando endurecer, possa ser facilmente cortada em blocos.

>> RECEITA DA MISTURA DE COCÔ DE RATO

Tempo de cozimento | 10 a 15 minutos

Tempo total de produção | 30 minutos (por receita, mas você pode maximizar a produção para acelerar o processo)

Ingredientes

3 colheres de sopa de manteiga

1 saco com 40 marshmallows médios ou 4 xícaras de chá de marshmallows em miniatura

6 xícaras de chá de cocô de rato

Modo de preparo (fogão)

- Derrata a manteiga em uma panela em fogo baixo. Acrescente os marshmallows e mexa até que eles derretam completamente. Desligue o fogo.
- Acrescente o cocô de rato e mexa até conseguir uma mistura homogênea.
- Com uma colher, coloque a mistura em uma assadeira retangular untada e reserve para que esfrie e endureça.

Modo de preparo (micro-ondas)

- Aqueça os marshmallows e a manteiga em uma vasilha na potência alta por 3 minutos e mexa em intervalos regulares para que a mistura fique homogênea.
- Acrescente o cocô de rato e misture bem.
- Com uma colher, coloque a mistura em uma assadeira retangular untada e reserve para que esfrie e endureça.

Agora que você já tem a mistura pronta, temos que construir algo rápido para que o nosso material de construção não seja devorado!

4. Comece a construção com a igreja principal. Se você quiser empilhar os bolos, terá de aplainar o topo de cada um deles. Uma faca elétrica pode facilitar o trabalho, embora uma faca de pão de tamanho grande também sirva.

5. Empilhe três bolos, colocando uma camada de glacê sobre eles que servirá como cola. Com esses bolos empilhados, você terá uma boa base de construção.

6. Para o topo arqueado da igreja, coloque o último bolo sobre a construção, com uma camada de glacê entre este e o terceiro bolo. Com a faca, corte-o em forma retangular com o ponto mais alto no centro, retirando todo o restante do último bolo.

7. Em seguida, você fará sua primeira experiência com o fondant. É um material interessante, como uma argila feita de açúcar que endurecerá após um dia ou dois. Entretanto, quando você começar a utilizá-lo, terá que abri-lo com um rolo de macarrão como se fosse uma massa de torta – e é exatamente como uma massa de torta que você deve lidar com o fondant. Para isso, terá que trabalhar com uma boa porção de massa por vez (portanto, compre pelo menos um balde de fondant na loja de produtos para artesanato ou culinária mais próxima) e abra-a de forma que fique com aproximadamente 2 centímetros de espessura e o suficiente para cobrir toda a igreja.

8. Você e seus filhos precisarão pegar o fondant aberto e cobrir a igreja tomando muito cuidado. Uma vez sobre o bolo, vocês podem ajeitá-lo com os dedos e/ou pequenas ferramentas (ferramentas para modelar argila e até mesmo uma simples faca de manteiga podem ajudar) para fazer com que o fondant grude ao formato do bolo. Então alise-o com as mãos até que o encaixe, a cobertura e a aderência estejam bons. Quando tiver terminado, a aparência deve ser muito semelhante à do estuque branco-lavado.

9. O resto é um trabalho de detalhes. Você pode fazer os lados do jardim e o campanário da igreja com a mistura de cocô de rato cortando as formas, moldando-as com as mãos e cobrindo-as com o fondant.

10. Você pode incluir arbustos e árvores feitos com a mistura de cocô de rato ao redor dos edifícios e pintá-los de verde e marrom com corante alimentício (além do pincel, você também pode utilizar um aerógrafo para colorir seu projeto).

UMA IDEIA AINDA MAIS LEGAL!

- Faça telhas de terracota com pedacinhos quadrados de fondant e pinte-os com corante alimentício.
- Caso você encontre esse tipo de produto na loja de miniaturas mais próxima, povoe sua missão com bonecos historicamente compatíveis.

Este é um exemplo muito específico e, se você não vive na Califórnia, o projeto pode não ser tão atraente. Entretanto, os materiais e os métodos aqui demonstrados podem ser aplicados a praticamente todos os trabalhos de construção de modelos que você puder imaginar, tanto para projetos escolares quanto aqueles feitos por pura diversão (especialmente se você quiser fazer uma surpresa para alguém). Tudo que você e seus filhos têm de fazer é usar a imaginação!

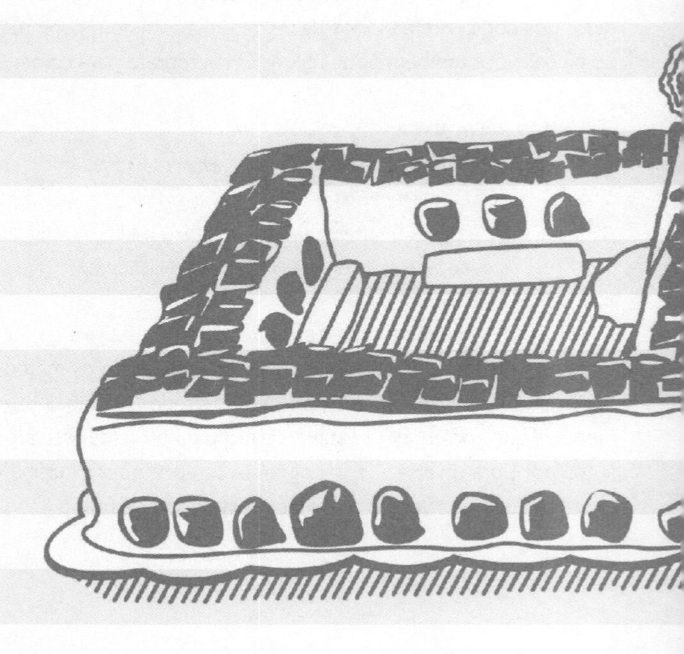

>> CARTOGRAFIA PIRATA

Há poucas coisas mais legais para crianças mais novas do que piratas (bem, talvez ninjas, mas esse é um conflito de gerações no qual não queremos nos aprofundar). Mesmo antes da contribuição de alto nível oferecida à mitologia por Johnny Depp, as crianças amam piratas desde que Long John Silver saltou das páginas de Stevenson (escritor escocês). E, como pais, adoramos ajudar nossos filhos a usar a imaginação. Compramos tapa-olhos e espadas de brinquedo para que eles possam brincar vestidos a caráter, ou damos uma festa para eles que tenham os corsários como tema. Entretanto, a maneira mais legal de fazer com que as crianças mergulhem em uma criativa brincadeira de piratas é fazer uma caça ao tesouro. E, em primeiro lugar, o que é necessário para uma caça ao tesouro? Um mapa, claro. E a confecção de mapas certamente se qualifica como um esforço geeky, mesmo que seja para uma festa pirata ou uma aventura.

[Este projeto foi desenvolvido pela primeira vez por Russ Neumeier para o site GeekDad.com.]

PROJETO	**CARTOGRAFIA PIRATA**
CONCEITO	Construir um mapa com um autêntico aspecto antigo para uma caça ao tesouro ou uma brincadeira criativa.
CUSTO	$
DIFICULDADE	◕
DURAÇÃO	◷ - ◷◷
CAPACIDADE DE REUTILIZAÇÃO	↻↻↻
FERRAMENTAS E MATERIAIS	Sacola de papelão, tesoura, lápis, hidrocores, lápis de cor, vela.

Primeiro, você precisa criar a sua tela. Se possível, use uma sacola de papel sem nada impresso. Se isso se mostrar uma impossibilidade, use o verso da sacola, que deve ser liso. Para extrair a maior superfície para desenhar, use uma tesoura ou um estilete para retirar o fundo retangular da sacola. Faça em seguida um corte em um dos lados da sacola para abri-la. Você deve obter uma folha de papel grosso e marrom de 43 por 96 centímetros.

IDEIAS PARA O SEU MAPA

- Proponha uma caça ao tesouro real. Faça um mapa com uma representação precisa, ainda que fantástica, da sua residência. Esconda coisas pela casa e pelo quintal e depois dê dicas para que as crianças as encontrem baseadas em nomes exóticos e desenhos retratados no mapa.
- Um bom mapa é um excelente ponto de partida para contar histórias. Faça um mapa fantasioso e use seu cenário imaginário a cada noite para, junto com seus filhos, criar uma aventura como parte das histórias de ninar.
- Mapas feitos à mão são excelentes contribuições para jogos de RPG.

PASSO 1 | Esboce seu mapa com traços bem leves feitos a lápis. Sinta-se livre para tentar coisas diferentes, apagar e tentar novamente, já que a sacola de papel suporta bem a ação da borracha, e todo ponto que parecer gasto ou rasgado acrescentará apenas um efeito mais surrado e antigo ao mapa quando terminado.

PASSO 2 | Use hidrocores, lápis de cor, giz pastel ou até mesmo carvão ou aquarela para cobrir o esboço e dê ao mapa alguma cor e atrativos. Tente definir alguns padrões, como a cor preta para contornar as terras, azul para espaços de água e por aí afora. Já que esse será um mapa de pirata para ser utilizado em aventuras, guie-se menos pelos detalhes e mais pelas imagens em si. Se o intuito for utilizar o mapa em uma aventura de RPG, você pode querer sacar uma caneta-tinteiro e mandar ver na escrita élfica. Assegure-se de que rotulou todos os pontos-chave e – o mais importante – colocou a imagem de uma flecha ou bússola para indicar o Norte. Você pode também incluir uma legenda ou uma escala, dependendo do uso que dará para o mapa.

PASSO 3 | Agora que a base do mapa está terminada, é hora de acrescentar o estilo – o que significa detoná-lo. Se quiser deixar o mapa vincado, desdobre-o e em seguida dobre-o outra vez de uma maneira diferente. Você pode dobrar o mapa e colocá-lo debaixo da almofada do sofá antes de uma sessão noturna de filmes. Pode ainda gotejar óleo, chá, cerveja ou vinho tinto sobre ele e depois secar com um secador de cabelo. Você deve usar a chama de uma vela para queimar todas as bordas do mapa, evitando aquele visual "fui cortado com tesoura" e, enquanto estiver fazendo isso, queime um ou dois furos em locais aleatórios, segurando depois o mapa sobre a vela para acrescentar algumas boas manchas de fuligem. A cera que escorrer também pode acrescentar marcas excelentes.

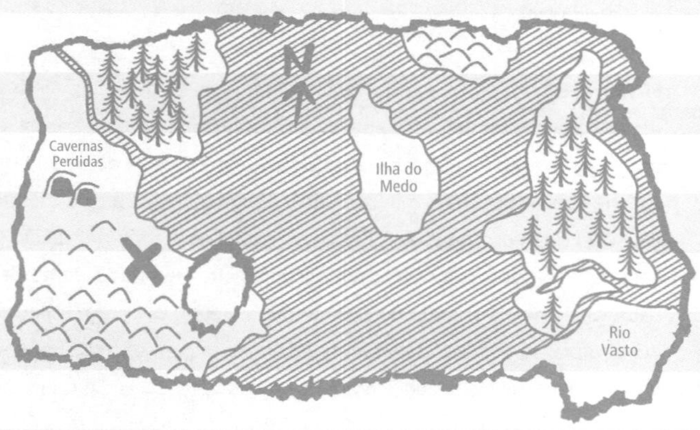

E é isso! Agora você tem um mapa com o visual de uma verdadeira antiguidade para se divertir e viver aventuras!

UMA IDEIA AINDA MAIS LEGAL!

Para crianças mais velhas ou em RPGs, use o velho "mapa verdadeiro escondido dentro de um mapa falso". Ou seja, faça um segundo mapa, só que falso. Corte duas folhas idênticas para ele. Desenhe tudo em uma das folhas e dê a ambas as folhas todo o tratamento para que pareçam antigas, só que, antes de dar o acabamento nas pontas com a chama da vela, dobre o mapa verdadeiro ao meio e coloque-o, como o recheio de um sanduíche, entre as duas folhas do mapa falso, que devem ter as pontas coladas com cola branca. Quando a cola estiver seca, queime as bordas do mapa falso. Agora é só deixar que seus aventureiros se intriguem com esse mapa tão especial e conferir em quanto tempo eles descobrem o segredo!

>> EDUQUE SEUS FILHOS COM A AJUDA DOS ROLE-PLAYING GAMES (RPGs)

Uma das coisas mais geekies que se pode dizer a alguém é que você joga *Role-Playing Games* (RPGs). Jogar RPGs – em especial *Dungeons and Dragons* (D&D) – foi uma experiência de formação para muitos geeks como nós, que cresceram entre as décadas de 1970 e 1980. Apesar de alguns pastores irritadinhos vociferarem naqueles tempos sobre a influência do demônio escondida por trás dos RPGs, não acho que seja exagero afirmar que esses jogos possuem o grande valor de estimular brincadeiras criativas entre as crianças. Tenho lembranças de jogar RPG com meus amigos enquanto devorávamos alegremente uma pizza e uma garrafa de refrigerante, rolando D20s para salvar nossos antipaladinos do sopro de um dragão branco.

Naquela época, as regras eram bem arcanas (rápido: qual o seu THAC0?) e, de uma certa maneira, apelavam para todas as características geekies, especialmente o conhecimento aprofundado e a natureza obsessiva. Mas o jogo também era intensamente social e muitos dos laços travados em uma tarde de expedições ao Vale da Névoa Cinzenta duraram uma vida inteira.

Atualmente, o D&D já está na quarta encarnação de regras e, apesar de tudo, é fácil e divertido de se jogar – todos os materiais necessários certamente estão disponíveis na loja de RPGs mais próxima (procure por ela se você não souber exatamente onde fica; ela pode estar disfarçada até mesmo como uma loja de produtos para colecionadores; ou entre no site da Devir <www.devir.com.br>, editora que publica os materiais de D&D no Brasil). Há também toda uma gama de jogos similares baseados em mundos fantásticos, futuros próximos ciberpunks, o universo de *Guerra nas estrelas* ou o planeta Terra dos dias atuais, só que com super-heróis. E a melhor coisa que separa os RPGs dos videogames é que eles utilizam a imaginação. E reúnem as pessoas cara a cara para jogar.

Parece uma atividade perfeita para um pai geek realizar com seus filhos, não é?

De fato, dependendo da capacidade de seus filhos seguirem regras e sua tendência para contar histórias, eles já podem ser apresentados ao RPG a partir dos sete ou oito anos. Em primeiro lugar, vocês precisam trabalhar para construir um personagem – algum tipo de herói, mais provavelmente –, que será o seu *alter ego* no jogo. Depois, você os guiará através de uma história – uma aventura – que pode tanto ser extraída de um livro ou criada por vocês. Se você for o Mestre (ou GM, de acordo com a sigla em inglês para Game Master), ainda possuirá a capacidade de moldar o jogo de forma que ele se torne tão desafiador quanto for necessário para manter as crianças interessadas sem arruinar a diversão. E esses jogos ajudam a ensinar o trabalho em grupo, a resolução de quebra-cabeças e até mesmo o planejamento de mapas.

Indo além do jogo em si, ainda há os bonequinhos que representam os personagens para serem pintados, os dados a serem colecionados e, ainda, centenas de romances licenciados para serem lidos a respeito dos mundos que servem de cenário para os jogos. Os RPGs podem ser um hobby para toda a vida que crescerá junto com seus filhos.

Mas vamos refletir juntos: já que o RPG é uma maneira de utilizar a matemática e a imaginação para dar vida a um personagem criado dentro de um jogo, por que não tentar aplicar conceitos do RPG para lidar com a vida diária? De fato, muitos jogadores de RPG irão, em algum momento da vida, interpretar personagens que são bem especificamente baseados neles mesmos. Trata-se do mote clássico: "O que você faria se, em um passe de mágica, fosse transportado para o universo da Terra Média, ou para um cenário de *Guerra nas estrelas*?". Inúmeros jogadores criam as fichas de seus personagens sempre exaltando levemente suas principais estatísticas (é claro que eu tenho inteligência alta! Eu não estaria aqui se não tivesse!), e então interpretam a si mesmos com toda a calma do mundo nas mais incríveis circunstâncias imaginadas. Afinal, qualquer aluno de ensino fundamental tem sangue-frio suficiente para encarar um dragão verde com nada mais do que uma adaga, não é mesmo?

Óbvio que esta é uma aventura divertida e única. Mas ainda assim estamos lidando com um jogo para ser jogado com os amigos, em que você, como o pai orgulhoso que é, criará uma aventura para seus filhos. Porém, e se dermos um passo além: e se transformarmos realmente a vida dos seus filhos em um RPG?

Está certo, nem todos os aspectos da vida. Você não vai falar para seu filho começar a levar uma espada longa para a escola para dar um jeito no pessoal que gosta de um *bullying*. Entretanto, o sistema matemático do RPG tem em vista criar uma estrutura para administrar o crescimento e as realizações pessoais de um personagem imaginário, o que cria um sistema equilibrado de recompensas para os sucessos e encoraja a aprendizagem e o planejamento pessoal. Que melhores ferramentas podem ser utilizadas para ajudar seus filhos a lidarem com os deveres

PROJETO	**EDUQUE SEUS FILHOS COM A AJUDA DOS ROLE--PLAYING GAMES (RPGs)**
CONCEITO	Utilizar um sistema baseado nos RPGs para administrar recompensas e responsabilidades à medida que seus filhos crescem.
CUSTO	$
DIFICULDADE	◕◕
DURAÇÃO	◷◷ - ◷◷◷
CAPACIDADE DE REUTILIZAÇÃO	GGG
FERRAMENTAS E MATERIAIS	Qualquer coisa que você normalmente usaria para jogar RPG. É possível utilizar apenas papel e caneta ou armazenar as informações no computador. Dados serão necessários.

de casa, as tarefas diárias, as atividades extracurriculares e a mesada, tudo isso enquanto os ensina a planejar o futuro e a trabalhar para alcançar metas? Não consigo me lembrar de muitas ferramentas como esta, por isso, sugiro o seguinte: crianças gostam de estrutura, como ter um sistema que faça com que entendam o que precisam fazer para receber certas recompensas. Elas também gostam de ter metas para alcançar e provar que estão crescendo, merecendo assim novas responsabilidades. Isso soa terrivelmente parecido com o que você faz com seu personagem de D&D, não é? Então, em vez de apenas prender uma tabela de tarefas na porta da geladeira e lhes dar uma "semanada", por que não transformar as tarefas e recompensas de seus filhos em um RPG?

>> A IDEIA

Você é o pai e você é o Mestre (ou GM, ou, ainda, o DG – Dungeon Master, ou o Mestre das Masmorras, termo utilizado principalmente por jogadores de D&D). Seus filhos guardarão uma ficha com os dados do personagem, como estatísticas, habilidades, experiência e por aí afora. As crianças receberão pontos de experiência quando completarem tarefas habituais (por exemplo, manter o quarto arrumado, passear com o cachorro, lavar a louça) e você pode lhes dar pontos de bônus por tarefas menos cotidianas (um boletim especialmente bom ou que apresentou melhoras, limpar a garagem, um presente de aniversário).

Quando os pontos alcançarem um determinado total, seus filhos podem "passar de nível" – ganhar uma promoção que representa suas realizações e crescimento pessoal. A cada nível alcançado, seu filho ganha pontos de habilidades e de atributos para serem gastos. Os pontos de habilidade permitem que a criança aprenda uma nova habilidade (como utilizar uma ferramenta de uma maneira segura com ou sem a supervisão de um adulto; lavar a roupa), o que pode fazer com que ganhe mais pontos de experiência. Pontos de habilidade também podem

trazer outros benefícios para a criança – como um aumento de mesada, assistir à televisão durante uma hora por semana ou uma nova atividade extracurricular, por exemplo – de modo que ela equilibre o tempo dedicado a atividades recreativas com o destinado às responsabilidades. Pontos adicionais de atributos ajudam a elevar os bônus e são indicados para o crescimento pessoal da criança – ela pode se tornar mais ativa (melhorando a saúde física), fisicamente mais ágil (destreza aprimorada) ou aprender lições de vida (o que desenvolverá a sabedoria).

A complexidade pode aumentar à medida que os níveis se tornarem mais elevados (e a criança se tornar mais velha). Na pré-adolescência, por exemplo, seu filho pode ganhar a permissão de ter o próprio telefone celular mais o pagamento de um plano de minutos. Seu filho também poderá utilizar a ficha do personagem para controlar o dinheiro (como quanto ouro um personagem de RPG possui) e o orçamento, de forma que ele possa gastá-lo em novos itens para ajudá-lo a ganhar mais pontos de experiência ou dinheiro (a criança economiza para comprar o próprio computador ou uma lavadora a jato para dar início ao próprio negócio e atender à vizinhança). É realmente apenas uma questão de até onde você e seus filhos desejam levar a metáfora do sistema de RPG. Eles podem, em algum momento, se rebelar contra a ideia de utilizar um sistema de jogo para administrar a vida. Ou podem verdadeiramente se empolgar com essa estrutura. Como todas as coisas nas relações entre pais e filhos, há muitas variáveis, e você conhece seus filhos melhor do que ninguém.

>> AS REGRAS

Este sistema é significativamente padronizado de acordo com as regras do D&D e alguns outros RPGs que joguei ao longo dos anos. Os fatores principais dos "personagens" dos seus filhos são Atributos, Raça e Classe. A ficha de personagem em branco inclusa no Apêndice B (que também está disponível, em inglês, para download no site <www.geekdadbook.com>) ajudará o "jogador" a criar o personagem, pensando bastante em quais são seus pontos fortes e interesses, construindo-o de forma que os resultados sejam otimizados a partir de coisas que já se espera que ele faça – sim, ajude seu filho a minimizar ou maximizar o personagem, se assim desejar, ou faça com que ele fique equilibrado no intuito de executar uma gama mais ampla de atividades. Já que no final das contas é você quem vai controlar as tacadas de dados que seus filhos realizarão para cumprir os desafios e atribuir o valor dos pontos de experiência que conquistarão, você pode ainda fazer alguns ajustes no "jogo" baseado na maneira como eles constroem suas características nessa etapa. Caso eles maximizem certos atributos na esperança de serem bem-sucedidos com mais facilidade, você pode sempre lançar um patamar de desafio mais alto para criar um equilíbrio. Só não conte a eles que está fazendo isso, pois é bem provável que acabe ouvindo aquele famoso "mas isso não é justo!".

Atributos do personagem

ABREVIAÇÃO | NOME
FOR | Força (afeta desafios de Combate)
INT | Inteligência (afeta desafios de Magia)
SAB | Sabedoria (afeta desafios de Força de Vontade)
DES | Destreza (afeta desafios de Agilidade)
CON | Constituição (afeta desafios de Vigor)
CAR | Carisma (afeta desafios de Performance)

Modificador de desafio para todos os atributos

PONTOS – MODIFICADORES

6............–4

7............–3

8-9..........–2

10-11......–1

12-13......+0

14-15......+1

16..........+2

17..........+3

18..........+4

Os jogadores começam com 12 pontos para distribuir por toda a ficha e 5 pontos para os Atributos. Para cada ponto de Atributo ganho, eles também podem mover um ponto já alocado em um Atributo para outro. Por exemplo, se um jogador iniciante quer maximizar sua FOR, pode usar todos os seus 5 pontos para aumentá-la de 12 para 17 e depois mover um ponto adicional da INT (que ficará com 11 pontos) para a FOR, que ficará com um somatório de 18 pontos. Este jogador poderia ainda mover um adicional de 4 pontos, da INT para a DES, digamos, terminando com os seguintes Atributos:

FOR: 18 (+4 para todos os desafios de Combate)

INT: 7 (–3 para todos os desafios de Magia)

SAB: 12

DES: 16 (+2 para todos os desafios de Agilidade)

CON: 12

CAR: 12

Raça do personagem

Utilize as raças clássicas do D&D/*Senhor dos anéis* para simplificar as coisas.

- Humano (nenhum modificador);
- Elfo (+10% de pontos de experiência para desafios ao ar livre ou relacionados à natureza e –10% para desafios em locais fechados);
- Anão (+10% de pontos de experiência para desafios em locais fechados, –10% para desafios ao ar livre);
- Hobbit/Halfling (+10% de pontos de experiência em desafios que envolvam trabalhos manuais, –10% em desafios que envolvam esportes);
- Meio-Orc (+10% de pontos de experiência em desafios que envolvam esportes, –10% em desafios que envolvam trabalhos manuais).

Sinta-se livre para inventar as próprias raças adicionais baseadas no que seus filhos desejam (meninas podem preferir fadas, meninos podem querer ogros – ou vice-versa!), mas sempre se assegure de que haja um equilíbrio entre os +10% e os –10% relativos aos pontos de experiência para contrastar as diferentes raças de personagens com os diferentes tipos de desafios que eles encararão.

Classes de personagem

Dependendo da classe, o personagem receberá pontos adicionais de habilidade cada vez que subir três níveis em uma determinada área. Pontos de habilidade podem ser gastos para adquirir uma nova habilidade ou para aumentar o nível de uma habilidade já possuída.

Mais uma vez, sinta-se livre para adicionar ou editar essas classes de acordo com os interesses dos seus filhos. Só se atenha à mecânica segundo a qual um ponto adicional de habilidade é concedido a cada três níveis em uma área relacionada a dois estereótipos específicos.

LUTADOR	+1 habilidade ou nível relacionado a "combate" e "atividade individual"
GUERREIRO	+1 habilidade ou nível relacionado a "combate" e "atividade em grupo"
PALADINO	+1 habilidade ou nível relacionado a "combate" e "espiritualidade"
GUARDA-FLORESTAL	+1 habilidade ou nível relacionado a "combate" e "meio ambiente"
FEITICEIRO	+1 habilidade ou nível relacionado a "magia" e "computadores"
MAGO	+1 habilidade ou nível relacionado a "magia" e "eletrônicos"
CONJURADOR	+1 habilidade ou nível relacionado a "magia" e "criatividade"
ILUSIONISTA	+1 habilidade ou nível relacionado a "magia" e "performance"
CLÉRIGO	+1 habilidade ou nível relacionado a "cooperação" e "espiritualidade"
DRUIDA	+1 habilidade ou nível relacionado a "cooperação" e "meio ambiente"
LADRÃO	+1 habilidade ou nível relacionado a "aquisições" e "recursos financeiros"
MONGE	+1 habilidade ou nível relacionado a "esforço físico" e "agilidade"
BARDO	+1 habilidade ou nível relacionado a "performance" e "atividade em grupo"

Conexões

Conexões são maneiras de organizar ideias. Neste jogo, tanto as Habilidades quanto os Desafios estão conectados a diferentes palavras que ajudam a identificar quais são os conceitos no qual eles se aplicam, ajudando a descobrir que bônus podem ser contabilizados em determinada experiência. Em última análise, é você quem deve decidir como as Habilidades e os Desafios serão conectados e como deseja conduzir o jogo. Por exemplo, faz sentido permitir que seu filho use o bônus de Magia por ter criado um bom projeto para a feira de ciências, mas não faz sentido que ele receba um bônus de Agilidade pelo mesmo projeto.

Habilidades

No nosso jogo, as habilidades não representam apenas coisas que seu filho sabe fazer, mas também permitem que ele seja recompensado com uma permissão para realizar tarefas que necessitam de uma autorização especial. Habilidades são coisas tais como receber uma "semanada" ou por quanto tempo eles podem assistir à televisão ou jogar no computador. As Habilidades também podem significar até que horas eles podem ficar acordados nos dias de semana, ou se podem se matricular em um curso extracurricular, praticar um esporte ou usar a furadeira sem a supervisão de um adulto. Trata-se de qualquer coisa que seu filho possa fazer apenas com seu monitoramento, dever de todo pai presente, ou qualquer coisa que possa ser vista como uma recompensa por metas e expectativas alcançadas.

Certas Habilidades são "crescentes", o que significa que elas podem aumentar ao longo do tempo. Podemos chamar esse desenvolvimento de "adicionando níveis". Por exemplo, quando seu filho de seis ou sete anos ganha R$10,00 por semana, isso pode ser suficiente, então ele pode escolher ter um ponto de Habilidade em "semanada" (R$ 10,00 semanais por nível). Quando ele for crescendo e as necessidades financeiras aumentarem (ele vai precisar comprar mais games!), ele pode escolher gastar os pontos de Habilidades que receber para aumentar seu nível de "semanada", para passar a ganhar R$ 30,00. O mesmo pode funcionar para os minutos que ele assiste à televisão por semana ou o horário em que deve dormir em dias de escola.

Outras Habilidades podem ter o crescimento limitado, ainda que permitam o ganho de mais pontos de experiência. Por exemplo, ajudar na cozinha. No nível 1, isso significa que é permitido à criança ajudar um adulto na cozinha em simples atividades por uma pequena quantidade de pontos de experiência. No nível 2, a ajuda dada pela criança inclui o uso supervisionado da batedeira e do liquidificador. Isso gerará maior quantidade de pontos de experiência graças aos desafios que a criança está encarando. No nível 3, é permitido que a criança realize todo o trabalho relativo a preparar um bolo sem nenhum tipo de supervisão, ganhando ainda mais pontos de experiência todas as vezes que ajudar na cozinha. É claro que essas habilidades necessitam de um certo nível de maturidade e cuidado, de modo que você pode torná-las mais difíceis de ser adquiridas aumentando o número de pontos necessários para comprar níveis adicionais, ou estabelecer uma idade mínima para escolhê-las. Mais uma vez: molde o sistema aos seus filhos!

Habilidades sugeridas, ajustes de pontos (conexões)

HABILIDADES DE 1 PONTO

Campismo | +1 no Lançamento de Dados de Desafio por arrumar o quarto (limpeza, atividade individual). Dividida em níveis.

Lavagem de louça | +1 no Lançamento de Dados de Desafio por lavar a louça (limpeza, atividade individual). Dividida em níveis.

Manejo de animais | +1 no Lançamento de Dados de Desafio por cuidar dos animais de estimação da família (alimentação, limpeza de dejetos, dar banho, passear). Dividida em níveis.

Esportes | +1 no Lançamento de Dados de Desafio por sucesso em esforços esportivos (praticar, participar de jogos, exercitar-se ao ar livre). Dividida em níveis.
Acadêmicos | +1 no Lançamento de Dados de Desafio por sucesso em esforços educacionais (provas, concursos na escola, deveres de casa, metas de leitura). Dividida em níveis.
Lirismo | +1 no Lançamento de Dados de Desafio por sucesso em apresentações (teatro, coral, artes, banda de música, prática de instrumentos musicais). Dividida em níveis
Recursos financeiros | +R$ 5,00 na "semanada" (benefícios, finanças). Dividida em níveis.
Toque de recolher | +30 minutos acrescidos à hora de dormir.
Entretenimento | +30 minutos permitidos para assistir à televisão, jogar videogame ou jogos de computador. Dividida em níveis.
Uso de utensílios domésticos (ferramentas específicas) | permissão para utilizar os utensílios domésticos, aprendendo e superando desafios que gerarão maior quantidade de pontos de experiência (pode se utilizar a máquina de lavar roupa, o ferro de passar, o aspirador de pó, o fogão, o forno etc.). Dois níveis: 1 ponto permite o uso supervisionado e 2 permitem o uso sem supervisão.
Uso de ferramentas de jardinagem | permissão para utilizar as ferramentas para plantar e cuidar do jardim. Enquanto aprendem a manuseá-las, se confrontam com desafios que gerarão maior quantidade de pontos de experiência (pode ser utilizar o ancinho, ou rastelo, o garfo e a pazinha, o regador, a enxada e a foice etc.). Dois níveis: 1 ponto permite o uso supervisionado e 2 permitem o uso sem supervisão.
Consciência ambiental | +1 no Lançamento de Dados de Desafio para atividades que beneficiem o meio ambiente (reciclagem, adubação, limpeza de parques).

HABILIDADES DE 2 PONTOS

Combate em locais fechados | +1 no Lançamento de Dados de Desafio para todas as tarefas realizadas dentro de casa, como arrumar o quarto, lavar as roupas e louças (não inclui o uso de ferramentas). Dividida em níveis.

Combate ao ar livre | +1 no Lançamento de Dados de Desafio para todas as tarefas realizadas ao ar livre, como o trabalho básico no jardim, manutenção simples ou limpeza. Dividida em níveis.

Culinária | +1 no Lançamento de Dados de Desafio por preparar refeições para a família. Dividida em níveis.

HABILIDADES DE 3 PONTOS

Domínio (dos Desafios) | +5 no Lançamento de Dados de Desafio que o personagem completou com responsabilidade (de acordo com as determinações do GM). Por exemplo, se o personagem se responsabilizou por lavar as roupas da família, durante uma semana, ele pode comprar esta Habilidade e ganhar um maior número de pontos de experiência a cada semana. Ele já deve ter Habilidade em todas as ferramentas necessárias.

Carteira de motorista | Nível um: autorização para ter aulas de direção. Nível dois: permissão para fazer a prova e obter a licença. Nível três: permissão para dirigir sob supervisão. Nível quatro: permissão para dirigir sem supervisão.

Desafios/pontos de experiência/níveis

A ideia básica da maioria dos RPGs é rolar um dado para determinar o sucesso ou o fracasso de um Desafio baseado nas habilidades e perícias do personagem e também no fator sorte. O sucesso (e às vezes o fracasso) traz experiência e os personagens "passarão de nível" após acumular experiência – acrescente um novo e discreto nível de compreensão e perícia com os quais eles possam ganhar pontos para utilizar nas Habilidades e Atributos que eles decidirem aumentar.

Para o nosso jogo, o desafio não será um combate imaginário com monstros subterrâneos ou resolver um quebra-cabeça para desarmar uma armadilha; em vez disso, o que temos são as tarefas que nossos filhos executam com regularidade, as provas para as quais queremos que estudem e nas quais desejamos que se saiam bem, ou os esportes, a música ou o teatro, eventos que queremos que participem e nos quais desejamos que obtenham bons resultados. Por isso, já que os personagens do nosso jogo (nossos filhos) executarão de fato os desafios que lhes apresentarmos, não precisaremos que eles rolem um dado antes de determinar os sucessos ou as falhas. Em vez disso, faremos com que rolem um dado após o trabalho ser executado para determinar quantos pontos de experiência podem ganhar a partir da tarefa completada.

A seguir estão listados alguns desafios com os pontos de experiência base e as conexões para ajudá-lo a determinar quais habilidades e bônus podem ser aplicados. Esta lista não está completa, você pode compor a própria lista baseada nos hábitos e talentos de seus filhos. Entretanto, o mais importante é equilibrar os pontos de experiência atingidos. O jogo é construído de acordo com a ideia de que as crianças atingirão um novo nível a cada três ou quatro meses. Para as crianças mais novas e aquelas que ainda estão engatinhando em uma determinada atividade, o prazo para passar de um nível a outro é de doze a dezesseis semanas e são necessários 1.000 pontos, de forma que as crianças devem juntar uma média de 60 a 90 pontos de experiência por semana. Como qualquer bom GM, você precisa de equilíbrio. Se conceder pontos em excesso, as crianças se entediarão com o jogo; se você der poucos pontos, elas ficarão frustradas. Use seu bom-senso e esteja sempre em diálogo com elas para se assegurar de que estejam tirando algo do jogo.

Desafios sugeridos e pontos de experiência-base (conexões)

- Arrumar o quarto (semanalmente), 20 pontos de experiência (local fechado, combate, atividade individual).

- Lavar a louça (semanalmente), 20 pontos de experiência (local fechado, combate, atividade individual).
- Trabalhar no jardim (semanalmente ou por evento), 10 a 25 pontos de experiência (ao ar livre, combate, atividade individual ou cooperativa).
- Lavar roupa (semanalmente), 10 a 20 pontos de experiência (local fechado, combate, atividade individual ou cooperativa).
- Cuidar dos animais de estimação (semanalmente), 15 a 25 pontos de experiência (ao ar livre, combate, atividade individual).
- Dever de casa (semanalmente), 20 pontos de experiência (local fechado, magia, atividade individual).
- Prática de instrumentos musicais ou esportes (semanalmente), 10 a 20 pontos de experiência (ao ar livre ou local fechado, combate, atividade individual ou em grupo).
- Provas (por evento), 10 a 20 pontos de experiência (magia, local fechado, atividade individual).
- Apresentações/jogos (por evento), 15 pontos de experiência (ao ar livre ou local fechado, magia ou combate, atividade individual, em grupo ou cooperativa).
- Eventos da igreja (por evento), 20 pontos de experiência (ao ar livre ou local fechado, espiritualidade, atividade em grupo ou cooperativa).
- Limpar a garagem (por evento), 50 pontos de experiência (local fechado, combate, atividade individual ou cooperativa).
- Preparar uma refeição/cozinhar (por evento, semanalmente), 20 pontos de experiência (local fechado, criatividade, atividade individual ou cooperativa).
- Pintar um cômodo (por evento), 50 pontos de experiência (local fechado, combate, atividade individual ou cooperativa).
- Participar de um evento de caridade (por evento), 30 pontos de experiência (ao ar livre ou local fechado, atividade em grupo ou cooperativa).

Para determinar a experiência ganha por uma tarefa, comece estabelecendo o valor-base da experiência para esse trabalho. Determine a taxa-base de Desafio para a tarefa; a média deve ser 11 – a estatística média de lançamento de um d20 (na verdade, é 10,5, mas, como é impossível tirar 10,5 em um dado, nós arredondamos). Se seu filho executar a tarefa muito bem, você pode baixar a taxa (para facilitar a aquisição de bônus), ou, se ele o fizer de uma maneira que deixe a desejar, eleve a taxa (tornando um bônus negativo mais provável). Então determine o Lançamento de Desafio de seu filho baseado em seu Nível, Atributos e Habilidades. Faça com que ele lance um d20, acrescente os bônus e confira o resultado na tabela a seguir:

LANÇAMENTO *VERSUS* TAXA DE DESAFIO	**RESULTADO**
20 "puro"	Acerto crítico – Pontos de experiência-base + 50%
Lançamento>=TD + 10	Pontos de experiência-base + 25%
TD + 10>Lançamento>=TD + 5	Pontos de experiência-base + 10%
TD + 5>=Lançamento>TD – 5	Pontos de experiência-base
TD – 5>=Lançamento>TD – 10	Pontos de experiência-base – 10%
TD – 10>Lançamento	Pontos de experiência-base – 20%
0 "puro"	Falha crítica – Pontos de experiência-base – 30%

Por exemplo, o desafio do seu filho é arrumar o quarto uma vez por semana, ganhando 20 pontos de experiência-base de cada vez. O desafio "Arrumar o quarto" possui conexão com "local fechado, esforço físico e atividade individual". O personagem do seu filho é um Elfo Guarda-Florestal de segundo nível que possui 15 de FOR e, até agora, 1 nível na Habilidade Campismo. O bônus de seu Lançamento de Desafio é de +2 por ser de segundo nível, +1 devido a FOR e +1 pelo

Campismo, o que resulta em +4. Se você achar que ele executou um trabalho de arrumação razoável, estabeleça uma TD de 11. Ele lança um d20 e obtém um 12, acrescentando um bônus de +4 para conseguir um total de 16 *versus* a TD, ou mais 5. Já que ele conseguiu 5 pontos além da TD, ele acrescenta +10 pontos de bônus aos pontos de experiência-base. PORÉM, devido ao fato de ele ser um Elfo, perde 10% dos pontos de bônus quando executa atividades em locais fechados, o que o deixa com uma base de 20 pontos de experiência-base.

Sim, isso é matemática. E seu filho conseguirá fazer essas contas e gostar delas, pois os riscos e recompensas são incríveis e a maioria das crianças gosta de resolver esse tipo de problema (e tenta também manipular o sistema – fique de olhos abertos!).

Com o tempo, os jogadores reunirão experiência suficiente para passar de nível. A tabela a seguir estabelece as metas de pontos de experiência-base e os bônus que eles ganharão em um intervalo de seis a oito anos de jogo. Mais uma vez, a meta é fazer com que eles passem de nível a cada três ou quatro meses. Se seus filhos jogarem por mais tempo, aumente a lista de acordo com sua necessidade.

Ficha de personagem

É claro que seus filhos precisarão de uma ficha de personagem para tomar nota de tudo isso. Você também vai querer ter esses dados anotados. Na verdade, a ficha do personagem será um documento vivo atualizado uma vez por semana, quando não diariamente – uma combinação de livro de registro com diário. E, à medida que os seus pequenos geeks se empenham em manter a papelada em dia e jogar, logo o valor da ficha como registro pessoal se tornará óbvio. Além disso, quando você disser algo a respeito do fato de eles não terem lavado a louça na semana anterior, eles terão todas as provas necessárias para refutar sua falsa reclamação. Ei, espere um minutinho...

NÍVEL	PONTOS DE EXPERIÊNCIA--BASE	NÚMERO DE LANÇAMENTO DE DADOS	PONTOS DE EXPERIÊNCIA ADICIONAIS	PONTOS DE ATRIBUTO
1	<=999	1	BASE	BASE
2	1.000	2	+1	-
3	2.000	3	+1	-
4	3.000	3	+2	+1
5	4.500	4	+1	-
6	6.000	4	+1	-
7	7.500	4	+2	+1
8	9.000	5	+1	-
9	11.000	5	+1	-
10	13.000	5	+2	+1
11	15.000	5	+1	-
12	17.000	6	+1	-
13	19.000	6	+2	+1
14	21.500	6	+1	-
15	24.000	6	+1	-
16	26.500	6	+2	+1
17	9.000	7	+1	-
18	31.500	7	+1	-
19	34.000	7	+2	+1
20	37.000	7	+1	-
21	40.000	7	+1	-
22	43.000	7	+2	+1
23	46.000	8	+1	-
24	49.000	8	+1	-

Há um modelo da ficha de personagem no Apêndice B no final deste livro. É bem básica, mas lhe dará um exemplo do que registrar. É uma boa ideia ter páginas extras grampeadas à ficha como um registro dos Desafios enfrentados, os pontos de experiência, de Habilidade e de Atributo ganhos e distribuídos.

Mais recursos

Tudo que você leu até agora deve ser suficiente para colocar esse projeto em prática, especialmente se pensar um pouco a respeito dos Desafios e Habilidades que quiser salientar. Há versões de tabelas e de fichas de personagem disponíveis para download no site <www.geekdadbook.com>, assim como fóruns nos quais esperamos que as pessoas compartilhem suas contribuições e variações para o jogo.

>> UM RALI DE DEMOLIÇÃO QUE NUNCA TERMINA

Os ralis de demolição sempre tiveram um lugar especial na cultura norte-americana. Não muito diferente do Ultimate Fighting, o espetáculo é simples: dois carros entram, apenas um sai. O problema é que, uma vez que uma pessoa ganha, a outra tem que arranjar outro carro. Na verdade, muitas vezes até mesmo o vencedor precisa descolar outro automóvel. O que é meio que um desperdício de materiais.

Então por que não construir carros para o rali de demolição que sejam projetados com componentes específicos que possam ser reencaixados ou substituídos com facilidade após cada confronto? Assim, a competição se tornará uma questão de ataque estratégico para liquidar rapidamente as peças do veículo do oponente, em vez de um mero bater e destruir.

PROJETO	**UM RALI DE DEMOLIÇÃO QUE NUNCA TERMINA**
CONCEITO	Prender pranchas de Lego que servirão como base de um carro de controle remoto. Construa estruturas em todo o entorno e brinque de rali de demolição com um oponente. Crie regras e um sistema de pontuação.
CUSTO	$ - $$
DIFICULDADE	◕◕
DURAÇÃO	◷◷ - ◷◷◷
CAPACIDADE DE REUTILIZAÇÃO	GGG
FERRAMENTAS E MATERIAIS	Dois ou mais carros de controle remoto, tijolinhos e pranchas de Lego, velcro autocolante ou fita dupla face de espuma (fita banana) ou uma pistola de cola quente, pedaços de espuma (opcional, caso seja necessário).

É claro que, se somos capazes de imaginar algo assim em grande escala, podemos construir e brincar de rali de demolição em uma escala menor.

Em primeiro lugar, você precisa escolher os carros de controle remoto com muito cuidado. Será bem mais fácil prender as pranchas de Lego na parte exterior se você tiver várias superfícies planas em vez de arredondadas. Com superfícies planas, tudo que você de fato precisa fazer é selecionar pranchas que possam ser presas com firmeza ao teto, capô, traseira e dos lados. Não há problema se você utilizar algumas pranchas maiores ou mais pranchas menores – a meta é a mesma: cobrir o máximo possível da superfície exterior do veículo com pranchas onde os tijolinhos serão encaixados.

AVISO | Você está prestes a colar de maneira definitiva pranchas de Lego ao carro de controle remoto. Não compre nem utilize carros pelo qual você ou alguma outra pessoa da sua família tenha apego estético ou sentimental. Os carros ficarão irreparavelmente alterados pelo projeto, assim como seu relacionamento com pessoas queridas, se você danificar os brinquedos delas sem permissão.

É hora de colar. Como sugeri anteriormente no resumo do projeto, você possui várias opções para colar as pranchas de Lego aos carros. A mais simples é provavelmente o velho clássico dos trabalhos manuais: a cola quente. Alguns pingos por placa e está pronto, apesar de você ter que esperar algum tempo para ter certeza de que a cola secou.

Há também a fita dupla face de espuma, conhecida como fita banana, utilizada para prender coisas na parede e xingada por sempre arrancar algumas camadas de tinta quando é removida. Esta fita possui a capacidade de lhe permitir construir camadas que o ajudarão a lidar com os contornos da superfície dos carros, apesar de ser necessário que você tenha certeza de que está colocando a fita no lugar certo logo na primeira tentativa.

Outra opção legal é usar um rolo de velcro dupla face autocolante (talvez combinado com a fita banana). Isso lhe dará a flexibilidade de remover e reafixar as pranchas, talvez até mesmo durante os ralis, permitindo algumas possibilidades de regras interessantes. Ou, para uma ação máxima de remoção e reencaixe, recorra a pedacinhos de fita banana, que podem ser removidos com facilidade e atualmente são bastante utilizados para fixar quadros na parede. Eles poderão realizar um trabalho igualmente admirável.

Mencionei também a espuma maleável disponível em loja de produtos para artesanato como um material adicional. A espuma pode ser utilizada para preencher os espaços entre a placa e o carro em áreas onde haja relevos ou formas que não sejam planas.

Com as pranchas coladas, você já fez todo o trabalho "difícil" (e, vamos ser sinceros, nem foi tão difícil assim, não é?). Agora é hora de usar a criatividade.

- Construa um assento no teto para o seu bonequinho, com uma gaiola ao redor, para que ele pareça o Mohawk de *Mad Max 2*.
- Construa algum tipo de estrutura de ataque na frente do carro. Ou uma escavadeira para derrubar o oponente.
- Encaixe tijolinhos nas laterais do carro para que sirvam como armadura.

Assim que você e seu filho terminarem de dar uma aparência bem sinistra aos carros de combate que montaram, é hora de DETONAR!

Mas há mais coisas que vocês podem fazer além de detonar um ao outro. Por que não transformar isso em um jogo? Decida com seus filhos que tipo de jogo vocês querem que o rali de demolição seja e construa estruturas com os tijolinhos de Lego de acordo com as regras. Eis algumas ideias:

- Cada jogador recebe um determinado número de tijolinhos para encaixar em seu carro. Estabeleça um tempo para o combate (dois minutos, por exemplo), e o carro que permanecer com mais tijolinhos no final vence a partida. Jogue várias partidas com os mais diversos desafios para criar um torneio.

- Cada jogador recebe um grupo de tijolinhos de uma cor específica e os encaixa no carro. Eles então constroem estruturas ao redor desses tijolinhos para protegê-los. Estabeleça um tempo para a batalha e a cada tijolinho derrubado o oponente ganha um ponto. Marque pontos para ganhar jogos, vença jogos para ganhar um set, vença sets para levar a partida!
- Cada jogador recebe um bonequinho que será o "motorista". O motorista é encaixado no topo do carro (de preferência, use algum tipo de cadeira de Lego), e estruturas são construídas ao redor do bonequinho para protegê-lo. A batalha começa e o último boneco a permanecer encaixado é o vencedor.

Caso você utilize a técnica do velcro, permita pausas durante os jogos para que as placas e estruturas possam ser trocadas e o carro, reconstruído.

Ok, pais e crianças geeks! Está na hora de um pouco de carnificina veicular!

UMA IDEIA AINDA MAIS GEEKY!

Para acrescentar mais emoção ao rali, você pode construir uma arena para o extermínio de automóveis. Se tiver algumas tábuas sobrando, corte-as de forma prática (octógonos são ótimos) e use fita adesiva forte e um grampeador industrial para prender temporariamente as bordas. Para uma abordagem mais fácil e potencialmente barata (em especial, se você fizer o projeto do toboágua da página 138 deste livro), use macarrões de piscina para as bordas da arena e tente utilizar fita adesiva e elásticos para prender levemente as pontas.

E UMA NOTA SOBRE A HORA DA LIMPEZA Um desperdício de tempo potencial neste projeto é ter de recolher todos os tijolinhos entre as batalhas. Mas há uma maneira fácil de resolver este problema. Se você é como a maioria dos pais geeks, uma das peças-chave da sua oficina é um aspirador de pó. Assegure-se de que ele esteja limpo e vazio antes de começar e, então, entre as batalhas, aspire todas as peças espalhadas e jogue--as novamente em um pote que estará disponível quando for hora de construir novas máquinas. Fácil assim!

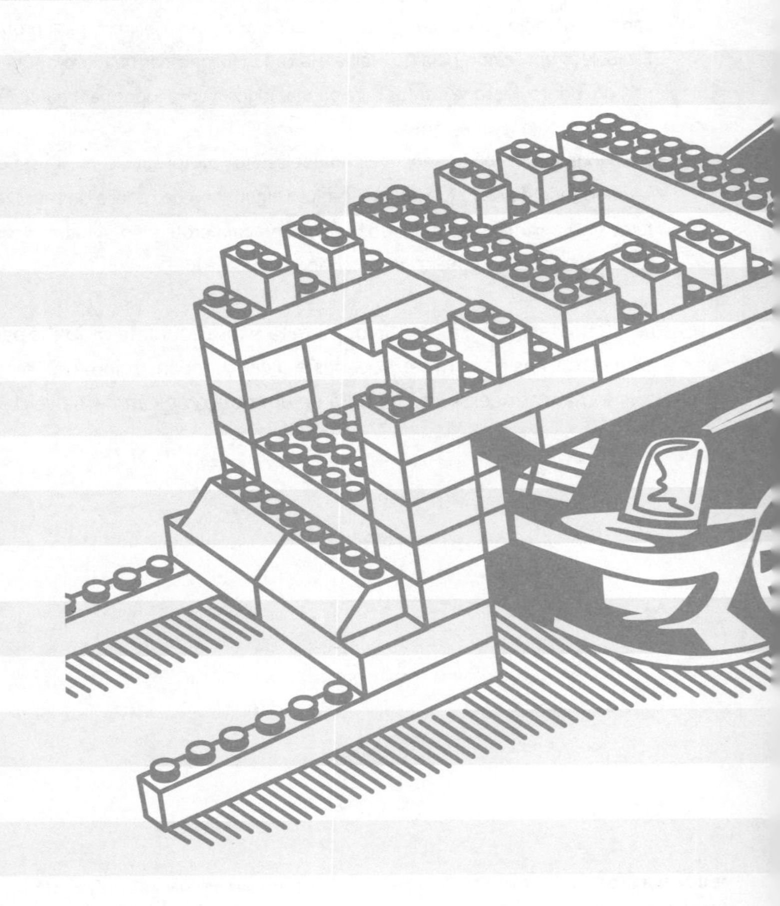

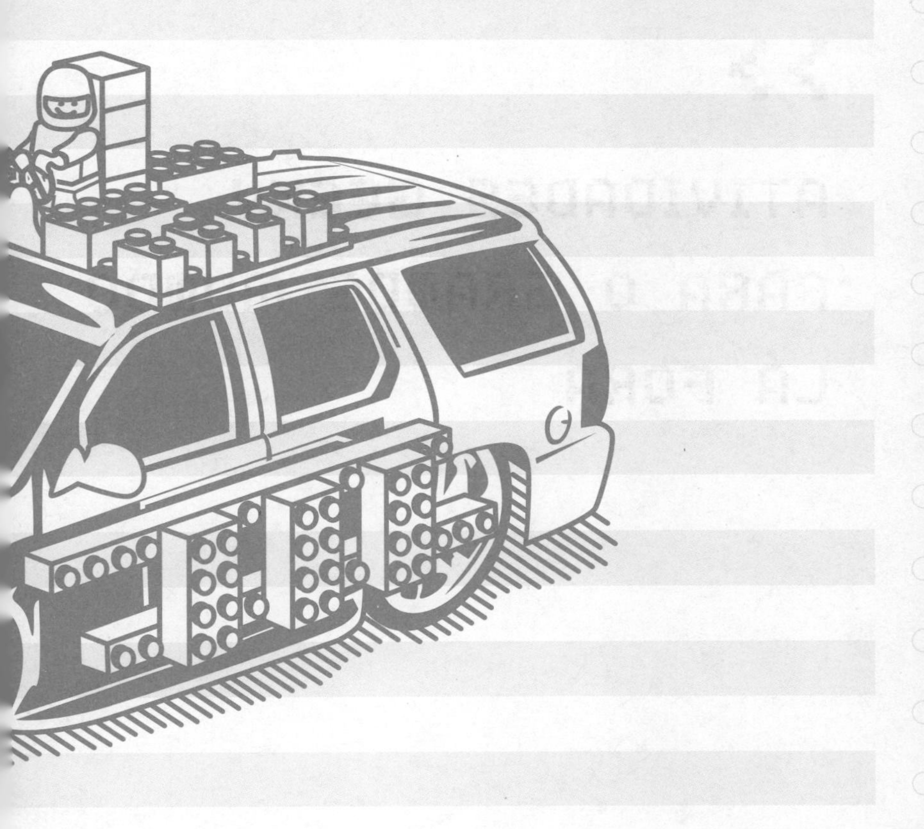

>>

ATIVIDADES GEEKY PARA O GRANDE MUNDO LÁ FORA

>> VEJA O MUNDO A PARTIR DO CÉU

Nos últimos anos surgiu uma enxurrada de histórias a respeito de estudantes empreendedores e outros cidadãos sem nenhuma ligação com as forças governamentais que construíram balões impressionantes com câmeras e outros instrumentos presos a eles, que vagaram por quilômetros e mais quilômetros pelo céu. Em setembro de 2009, um aluno do Instituto de Tecnologia de Massachusetts (MIT), Oliver Yeh, construiu o dele gastando apenas R$ 300,00 em materiais (incluindo uma câmera de segunda mão e uma caixa de isopor). Esses equipamentos trazem imagens inacreditáveis, que oferecem ainda mais provas da curvatura e beleza do nosso planeta. Tais projetos necessitam que sobrepujemos alguns desafios técnicos interessantes, como acompanhar uma rota via GPS ou a necessidade de manter o equipamento funcionando em condições muito frias e onde a pressão atmosférica é baixa. De fato, eles são uma espécie de VANT (Veículo Aéreo Não Tripulado).

PROJETO	**VEJA O MUNDO A PARTIR DO CÉU**
CONCEITO	Montar seu próprio equipamento de vídeo para altitudes (relativamente) elevadas.
CUSTO	$$ - $$$
DIFICULDADE	◕ - ◕◕
DURAÇÃO	◷ - ◷◷
CAPACIDADE DE REUTILIZAÇÃO	↻↻
FERRAMENTAS E MATERIAIS	Dois ou três botijões pequenos e descartáveis de gás hélio, aproximadamente 20 balões, abraçadeiras, uma fita adesiva forte, como a silver tape, linha de pipa, isopor, câmera de vídeo (de modelo Flip ou similar).

Apesar de o fato de lançar um balão que percorrerá vários quilômetros pelo céu ser um projeto totalmente excitante, não é o tipo de coisa que você e seu filho possam completar em um único final de semana. Entretanto, este projeto foi pensado para que vocês tenham esse mesmo tipo de diversão em altitudes mais baixas e gastando uma quantia significativamente menor (tanto de dinheiro quanto de tempo).

Uma pesquisa rápida na internet nos diz que, baseado na capacidade de flutuação do hélio, um grupo de balões com um volume equivalente a uma esfera de aproximadamente 1 metro deve ser suficiente para erguer meio quilo de carga. Portanto, para concluir este projeto, precisamos manter o peso de tudo aquilo que construirmos sob esse limite e/ou contornar a situação aumentando o número de balões (e, dessa forma, o volume total do hélio), de modo que será possível ter uma flutuação extra. Você pode encher os balões de festa "comuns", de 2,5 centímetros de diâmetro, em média, necessitando de aproximadamente 16 balões para conseguir o tipo de flutuação que desejamos (cada balão de 30 centímetros comporta por volta de 21 litros de hélio).

O conceito geral do projeto é o seguinte: construa uma "coluna" de balões inflados com hélio, bem parecida com a que você costuma ver em festas, prenda uma câmera e deixe-a voar enquanto, em terra firme, você guia os rumos do balão com a linha de pipa. A câmera precisa estar presa de maneira segura em algum tipo de invólucro acolchoado com um dos lados abertos para evitar que sofra choques muito violentos em aterrissagens bruscas (apesar de esperarmos que o processo de descida seja bem controlado). E este invólucro tem de estar preso à linha de pipa para que a câmera não saia voando para mais longe do que você deseja.

É claro que o método dos balões não é o único possível. Uma pipa pode funcionar e ser potencialmente mais barata, já que requer a compra de menos materiais. Entretanto, as pipas mais baratas não são tão inerentemente estáveis quanto os balões. Balões querem subir e ficar lá em cima, sendo você quem os impede de fazê-lo, enquanto uma pipa, a não ser quando atingida em cheio pelo vento, quer descer e se espatifar no chão. E, devido ao fato de uma pipa necessitar de vento para funcionar corretamente, ela não manterá uma câmera de vídeo presa com tanta firmeza quanto um plácido feixe de balões em um dia sem vento (e, por favor, deixe-me reforçar que você vai querer pôr esse projeto em prática em um dia com menos vento possível).

É neste ponto que a comunidade defensora de pipas vai argumentar que há as que podem ser bastante estáveis estando no alto. Não discutirei a esse respeito. O que quero ressaltar é que essas pipas custam pelo menos tanto quanto o hélio, portanto é melhor dizermos *touché* e seguirmos em frente.

Uma câmera digital Flip pesa somente um pouco mais que 150 gramas, o que a torna uma excelente opção para o pacote técnico. Além disso, vários geeks já possuem uma, de maneira que pode não ser uma despesa extra para você. Se possui uma filmadora diferente, confira o peso dela. Qualquer coisa muito mais sofisticada do que os modelos baseados em memória flash disponíveis hoje em dia no mercado (Flip, Kodak e similares) provavelmente será pesada demais.

É claro que mandar um aparelho tecnológico caro pelos ares preso a um monte de balões pode fazer com que sua esposa lhe lance olhares esquisitos, mas não temos nenhuma boa sugestão para dar nessa situação além da desculpa de que "é pela ciência".

>> CONSTRUINDO O INVÓLUCRO DA CÂMERA

PASSO 1 | Partindo do princípio de que você quer sua câmera de volta, será preciso guiar sua aeronave pelo céu e, apesar de a comunidade dos defensores de pipas ainda estar sentindo a dor da sova que acabei de lhe dar, sugiro que você utilize linha de pipa, já que, na verdade, a finalidade desse material é exatamente servir para esse tipo de coisa. Uma referência que encontrei na internet cita a relação entre peso e comprimento das linhas de pipas. Eu buscava por uma linha de 2 quilômetros e meio, entretanto, se nos restringirmos às linhas de 150 metros disponíveis no mercado, isso acrescentará apenas 25,5 gramas ao pacote quando atingir a altura máxima.

PASSO 2 | Agora, precisamos de um cockpit para a câmera (sem brincadeira!). Escolhi um pedaço de isopor comprado na papelaria mais próxima. Na verdade, esse isopor seria utilizado para esculpir montanhas e compor um cenário para um trem elétrico, mas o tamanho da folha e a resistência eram perfeitos para se trabalhar, e a densidade era ótima para ser cortada com uma serra elétrica circular. A espuma para embalagens que em geral vem em caixas de brinquedos ou de equipamentos elétricos pode servir muito bem, embora esse material seja geralmente menos denso e, além disso, é mais difícil cortá-lo sem fazer sujeira. Por outro lado, a espuma pesa menos, portanto essa pode ser uma troca justa.

PASSO 3 | Você não precisa de uma peça grande de isopor, por isso corte-a com a serra circular, ou uma faca com serra, em um tamanho que seja aproximadamente o dobro do da câmera. Trace então o contorno da câmera de um dos lados (com alguma folga) e use um estilete olfa (de preferência o modelo para entalhes) para escavar o orifício no qual a câmera será encaixada.

PASSO 4 | Para prender os pontos de içamento à câmera, tenha a silver tape à mão. Passe duas abraçadeiras (abertas) lateralmente ao redor do topo do bloco de isopor e em seguida feche-as com um pedaço de fita. Repita o processo na parte inferior. Se você for engenheiro como eu, certamente vai querer levar em consideração a tensão das linhas e outras coisas do tipo, por isso assegure-se de que cada abraçadeira forme um par orientado em direções opostas de modo que os pontos e as cabeças estejam em posições reversas. É bem provável que esse processo seja totalmente desnecessário, mas não diga isso a seus filhos. Ao contrário, enfatize a importância vital desse fator para garantir a estabilidade e integridade estrutural do projeto. Se eles perguntarem "Por quê?", simplesmente balance a cabeça e diga-lhes: "Um dia vocês entenderão".

PASSO 5 | Com as abraçadeiras encaixadas no topo e na parte inferior do bloco, pegue a silver tape e, começando da parte de trás, dê duas voltas completas, embaixo, em cima, de um lado e do outro, pressionando a fita na cavidade da câmera.

Termine de passar a fita na parte de trás, exatamente onde começou. Agora repita o processo, só que na horizontal, ao redor do bloco, atrás, ao redor mais uma vez, na frente e atrás novamente. Dê outra volta, pressionando a fita na cavidade a cada passada. Seu produto final deve ter a seguinte aparência:

Com tudo isso feito, você está quase pronto para levantar voo. Tudo de que precisa agora é um pouco de tecnologia antigravidade.

>> CONSTRUINDO A COLUNA DE BALÕES

Para prender os balões, você pode utilizar a clássica linha de costura. Além de barata, a linha é muito leve e, como todos que já tentaram pregar um botão sabem, possui uma força de tensão tremenda!

Construir uma coluna de balões é exatamente o que podemos chamar de atividade cooperativa. Uma pessoa deve encher e dar um nó em cada balão enquanto a outra monta a coluna. O fluxo de trabalho deve ser o seguinte:

1. O Membro 1 (M1) enche um balão até aproximadamente 90% de sua capacidade total e o fecha com um único nó, passando-o em seguida para o M2.
2. O M1 enche um segundo balão até 90% de sua capacidade total, fecha-o e o passa para o M2.
3. O M2 pega cada uma das extremidades dos dois balões e os amarra, usando a linha que sobrou dos nós como corda, unindo-os com um nó duplo.
4. Repita os três primeiros passos.
5. O M1 e o M2 pegam um par de balões atados cada um. Eles os unem com os centros atados, cruzando-os em um ângulo de 90 graus. Gire os balões ao redor uns dos outros algumas vezes de maneira que o centro dos balões se entrelace (você deve agir da mesma forma que os artistas que transformam balões em animais). Se fizer tudo certo, deve acabar com quatro balões em um formato semelhante ao de uma flor.
6. Pegue um pedaço de linha e amarre-o ao redor do "miolo" da flor, formando uma espécie de caule. Não corte nem torça a linha – deixe-a presa ao carretel para poder puxar mais linha enquanto prende mais balões.
7. Repita os cinco primeiros passos para fazer outras flores de balões entrelaçados.
8. Pegue a linha que está presa à primeira flor de balões, puxe aproximadamente 15 centímetros e, com esse pedaço, envolva o miolo da flor seguinte, quase como se estivesse trançando a linha ao redor do eixo no meio do balão. Termine de forma que a linha siga para baixo da flor, para que mais um conjunto de balões possa ser acrescentado.

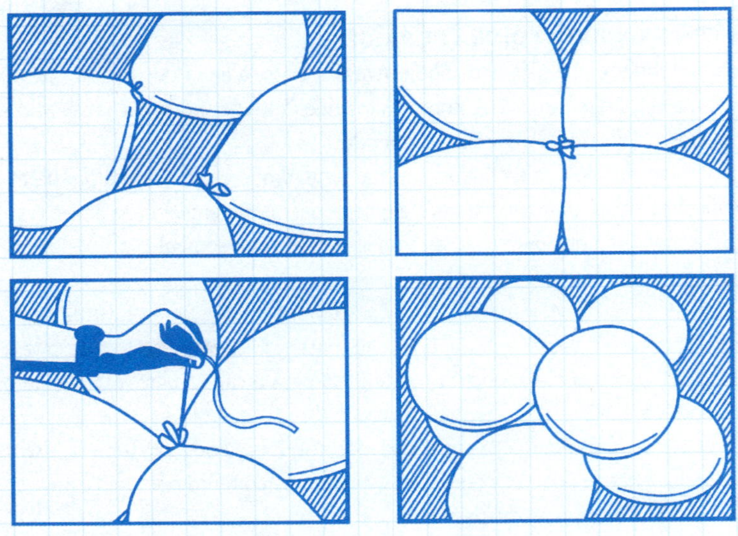

9. Repita os dois passos anteriores até que você tenha pelo menos quatro flores de balões atadas a uma coluna.

A quantidade de balões de que você vai precisar depende do tamanho dos balões utilizados. Em geral, eles tomarão uma forma de pera quando cheios, atingindo um tamanho de aproximadamente 25,5 centímetros de diâmetro e 35,5 centímetros de comprimento. Uma vez que você tiver dezesseis deles, presos em quatro flores e atados em uma coluna, pode testar a capacidade de flutuação passando a linha através da correia que serve para segurar a câmera (que é a parte mais pesada da sua construção) e ver se ela se ergue. Tenha em mente que você quer erguê-la bem – neste caso, não queremos uma leve flutuação, mas um içamento bem firme. Por isso, se os balões erguerem a câmera, mas de uma maneira instável, acrescente mais uma flor de balões por precaução.

Quando você tiver terminado com os balões, corte a linha aproximadamente 46 centímetros abaixo da flor de balões e use todo seu conhecimento de escoteiro ou pesquisador da Wikipédia para dar um nó lais de guia. Passe as pontas das abraçadeiras no topo do cockpit da sua câmera através da fenda do nó e então feche-as de modo que os balões fiquem ligados com segurança ao equipamento. Ajuste os prendedores para que, quando os balões subirem, o equipamento seja içado o mais verticalmente possível para obter melhor filmagem.

Pegue a linha de pipa e amarre-a com o mesmo lais de guia no final da linha de costura. Faça a mesma coisa com as abraçadeiras na parte inferior de sua aparelhagem para estabilizar a linha.

E que comece a contagem regressiva!

Agora, vocês podem ir a um gramado, um parque ou qualquer outra área aberta próxima à sua casa onde tenha algum espaço livre ao redor, só para garantir. Leve sua câmera (com bateria carregada e memória limpa, por favor!) e o rolo de silver tape.

Quando estiverem prontos, uma pessoa deve segurar a câmera enquanto outra aciona o modo de filmagem, encaixando-a no cockpit (com as lentes voltadas para fora!) e a prendendo com mais uma ou duas voltas de silver tape.

Deixe que sua aeronave decole e os balões ganhem o céu. Em um dia sem vento, você deve ser capaz de manter a câmera próxima ao final da linha de pipa e atingir a altitude perfeita. Então, da mesma maneira que puxaria uma pipa, enrole a linha para trazer sua aeronave novamente para a terra. Vá para casa, plugue a câmera na sua televisão de tela grande e sinta como é ser um passarinho (e descubra também se seu vizinho precisa limpar o quintal)!

UMA IDEIA AINDA MAIS GEEKIE!

Com um pouco mais de dinheiro, este projeto pode se tornar uma experiência ainda mais fantástica. Você pode comprar uma câmera de vídeo wireless, movida a bateria (muitas vezes vendidas como câmeras de "vigilância"), para utilizar no cockpit dos balões no lugar da câmera digital. Descole um par de óculos de projeção de vídeo e veja a gravação em tempo real!

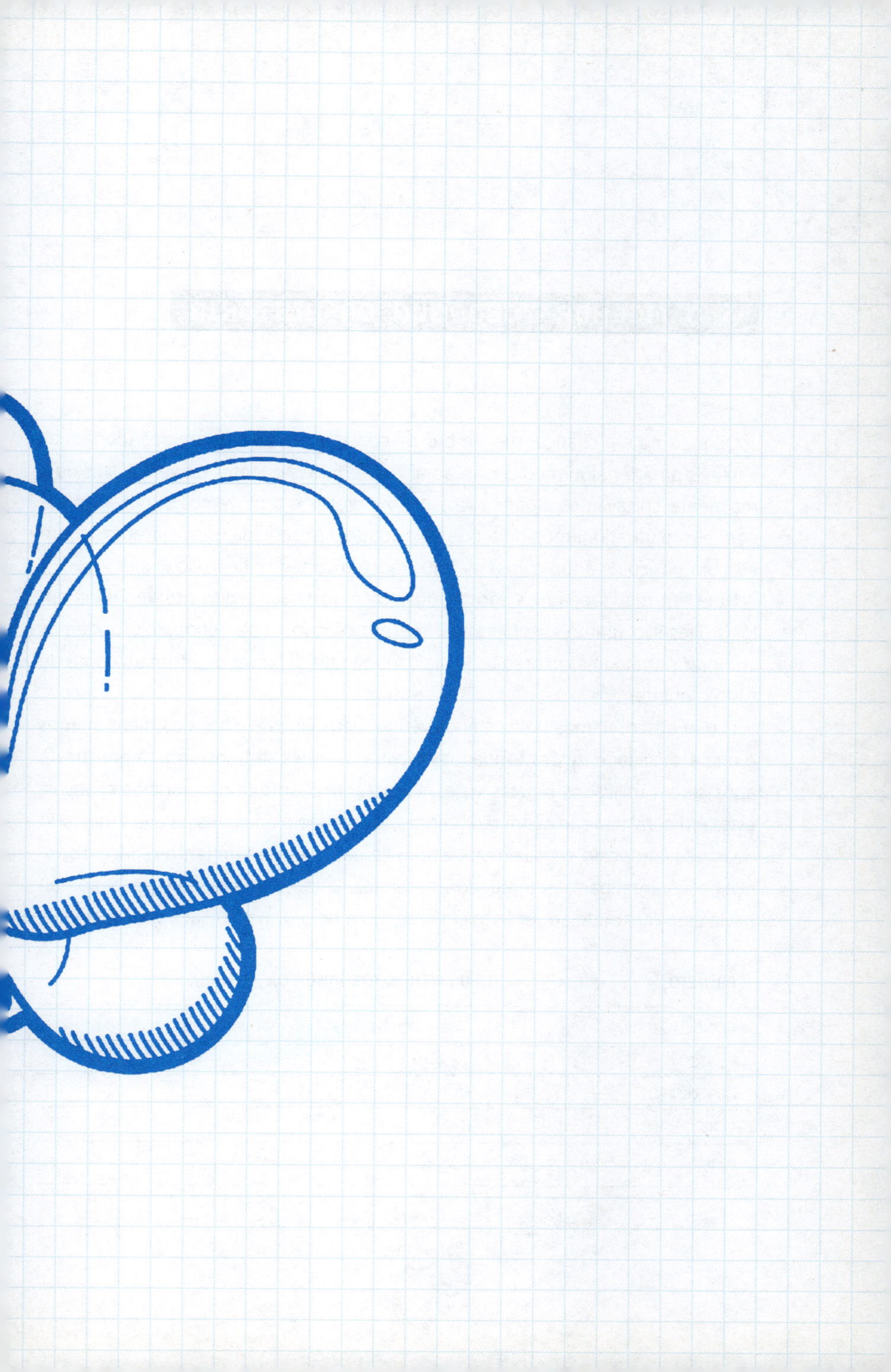

>> O MELHOR TOBOÁGUA DA HISTÓRIA

Quando eu era criança, me lembro de construir com meus amigos toboáguas caseiros para ter alguma diversão ao ar livre em dias quentes de verão. Nós normalmente cortávamos alguns sacos de lixo pretos e tentávamos cobrir a grama com eles para atingirmos uma boa velocidade. Em seguida, despejávamos sobre eles um pouco de água com a mangueira e a diversão tinha início.

Hoje em dia, toboáguas são produzidos em massa, sendo até vendidos em lojas. Eles são grandes, coloridos, e mesmo criativos. Fala sério! Hoje podemos comprar por algumas centenas de reais toboáguas gigantes que tomam conta de todo o quintal.

O que descobri após poucos anos vendo meus filhos e filhos dos meus amigos é que a qualidade desses toboáguas mostra que eles se transformam em sucata após serem utilizados poucas vezes. E, quando disse que há modelos criativos, estes em geral não são assim tão grandes, já que são planejados para um mercado de massa composto em sua maioria por pessoas que não têm tanto espaço disponível no quintal para escorregadores maiores. Então, comecei a imaginar se não havia algo que pudesse ser feito em casa, no melhor espírito "Faça você mesmo",

PROJETO	**O MELHOR TOBOÁGUA DA HISTÓRIA**
CONCEITO	Construir um toboágua sensacional.
CUSTO	$$ - $$$
DIFICULDADE	◕
DURAÇÃO	◷◷
CAPACIDADE DE REUTILIZAÇÃO	↻↻↻
FERRAMENTAS E MATERIAIS	Folha de plástico pesada, macarrões de piscina, velcro autocolante, algum tipo de sprinkler ou uma mangueira microperfurada.

nos mesmos padrões dos toboáguas de saco de lixo que eu fazia quando criança, mas só que um pouco mais duráveis e MAIORES. E o que acabei criando é algo fácil de construir, extremamente divertido de brincar e simples de desmontar e guardar para reutilizações significativas.

Este projeto pode se tornar o maior e mais fácil do livro. Juntamos o conceito básico do toboágua utilizando materiais duráveis e fáceis de serem adquiridos. Tudo que você precisa é de um rolo de plástico pesado que custa R$ 60,00, dez macarrões de piscina de R$ 6,00, uma mangueira microperfurada de R$ 60,00 e alguns rolos de velcro autocolante (R$ 15,00 o rolo).

O que é, em essência, um toboágua? É apenas uma longa extensão de um material que fica escorregadio quando molhado. Deve ter também algum tipo de guia ou barreira para evitar que as pessoas que estão escorregando caiam para fora dele. E uma fonte de água também se faz necessária.

1. Para começar, desenrole o plástico no seu quintal ou no local de montagem. Tentamos um plástico de 6 mililitros, 1,8 metro de largura por 15,5 metros de comprimento para o nosso escorregador, já que esta se mostrou uma boa extensão para se escorregar e cabia no nosso jardim. Entretanto, dependendo do espaço que você tiver disponível, pode querer um escorregador menor ou maior (eba!). Decida qual dos lados será o topo (esta é uma decisão totalmente arbitrária, já que ambos são iguais, mas você terá de escolher um lado e ficar com ele) e vire-o de cabeça para baixo.

2. Coloque os macarrões ao redor do perímetro do plástico. Você pode deixar uns 30 centímetros entre cada macarrão. O tamanho-padrão de um macarrão de piscina é de aproximadamente 1,5 metro, portanto, para o nosso escorregador de 15,5 metros, usaremos oito macarrões de cada um dos lados com aproximadamente 30 centímetros entre eles e então mais um macarrão em cada uma das extremidades.

3. Em seguida, comece com uma das pontas, pegue um macarrão e coloque-o alguns centímetros fora do plástico. Coloque o plástico sobre o macarrão como se

fosse enrolá-lo e deixe uma aba de aproximadamente 2,5 centímetros para que a ponta toque o plástico do outro lado do macarrão até a metade. É aqui que você vai usar o velcro.

4. Prenda uma tira de 2,5 centímetros de velcro no plástico no meio e em cada uma das extremidades do macarrão de forma que o plástico o envolva. Faça isso com todos os macarrões, até que tenha uma barreira ao longo de todo o perímetro do seu escorregador.

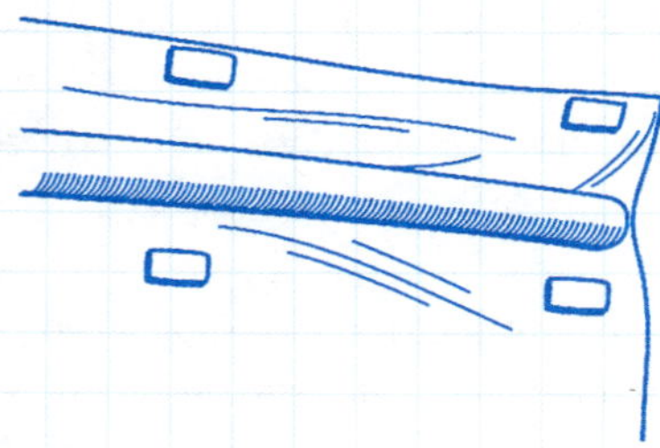

5. Assim que tiver terminado, você terá a parte de baixo do escorregador. Vire-o e terá algo que lembrará um escorregador de emergência de avião, só que mais longo e estreito. Ou um toboágua maneiríssimo!

6. O último item necessário é uma fonte de água. Se quiser fazer a coisa da maneira mais simples, assegure-se de que possui alguma inclinação em seu terreno e coloque uma mangueira na extremidade mais alta (onde vocês começarão a escorregar). Ou, se tiver um ou mais sprinklers para regar a grama, utilize-os. Com um pouco mais de dinheiro, compre 15 metros de mangueira perfurada e, se ainda tiver um rolo extra de velcro, prenda-a em um dos lados do escorregador ao lado da barreira de macarrões. Utilize uma mangueira comum para molhar seu toboágua e você terá a fonte de água perfeita.

UMA DICA IMPORTANTE PARA LOCAIS PLANOS

O melhor lugar para um toboágua é um leve declive que termine em uma superfície plana, mas nem todos somos sortudos o suficiente para termos o terreno perfeito para escorregar. Caso você construa seu toboágua em uma extensão plana, um atributo extra poderá ser útil. Pegue um pedaço de corda de 2,5 ou 3 metros de comprimento. Prenda cada uma das extremidades em uma estaca pequena de madeira ou em uma alavanca de plástico como aquelas peças que sustentam os para-brisas dos carros ou o cabo de um desentupidor de privada. Assegure-se de que os nós estão bem atados e talvez seja uma opção prender a corda também com silver tape. Agora você tem um rebocador. Coloque seu filho sentado no ponto de partida do escorregador, de frente, de costas ou de barriga para baixo, e alguém deve lhe dar um empurrão para que ele escorregue pelo toboágua. Quando a fricção inicial for superada, não será difícil ganhar um pouco de velocidade ao longo do escorregador. Apenas assegure-se de que eles tenham impulsão suficiente para atingir o final da pista.

Agora, tudo que você tem a fazer é esperar por um dia quente, reunir as crianças da vizinhança e transformar sua casa na mais legal do quarteirão! Ah, caso não tenha percebido, com todo esse velcro, o toboágua é realmente fácil de ser desmontado e dobrado para ser utilizado em um outro dia.

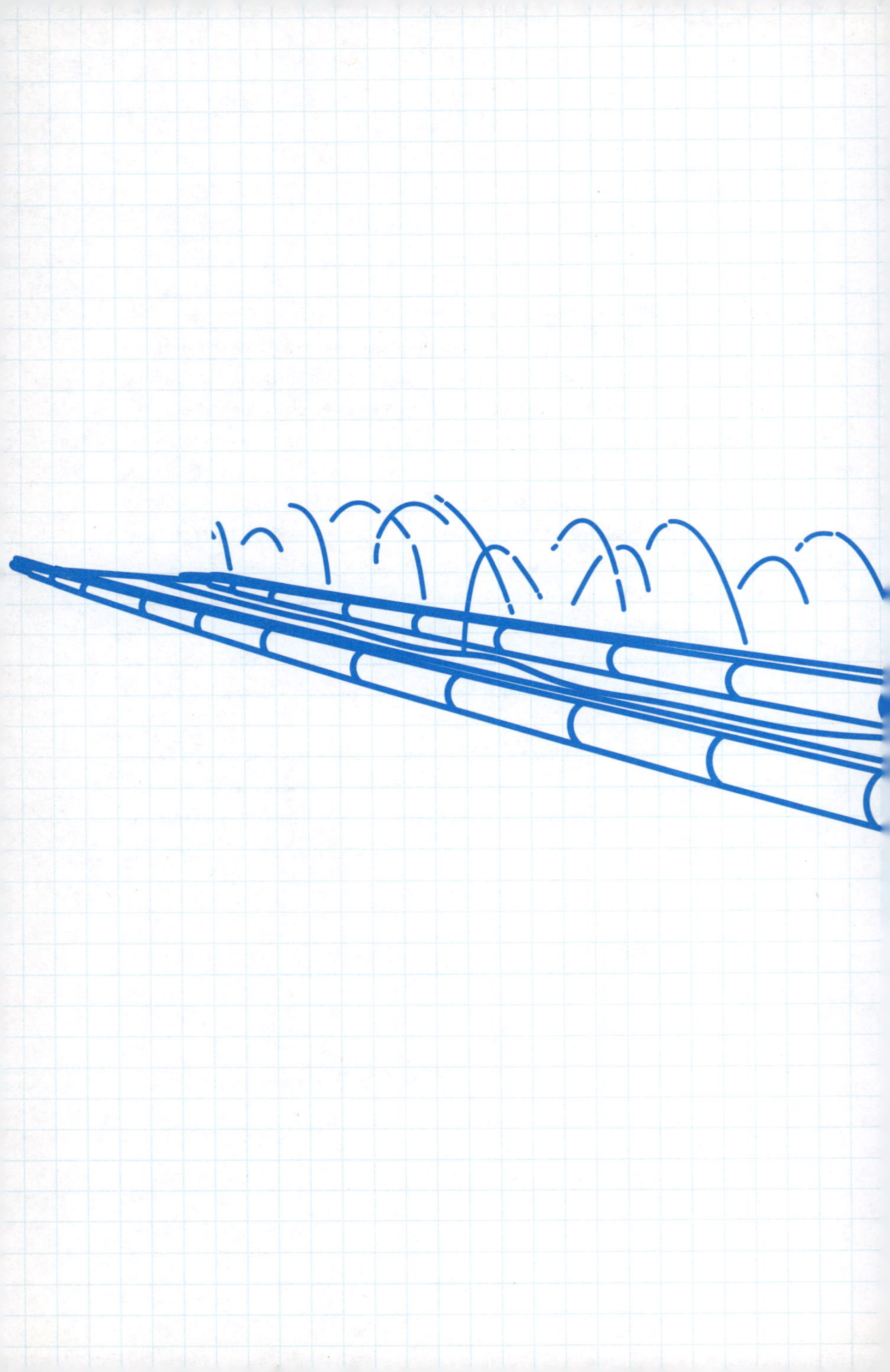

>> VAGA-LUMES EM QUALQUER ÉPOCA DO ANO

Uma memória vívida da infância de muitas pessoas que cresceram em áreas rurais ou semirrurais é a visão dos vaga-lumes nas noites quentes de verão. Observar as nuvens de luzes cintilantes dançando ao seu redor é uma experiência mágica. Entretanto, para as pessoas que vivem em áreas urbanas, é difícil ver vaga-lumes. Mesmo que você viva em uma área propícia para esses insetos, o verão dura apenas três meses. Com este projeto, você poderá desfrutar da magia dos vaga-lumes em qualquer lugar, em qualquer época do ano!

PROJETO	**VAGA-LUMES EM QUALQUER ÉPOCA DO ANO**
CONCEITO	Construir vaga-lumes eletrônicos simples e brincar com eles.
CUSTO	$$
DIFICULDADE	◕
DURAÇÃO	◷ - ◷◷
CAPACIDADE DE REUTILIZAÇÃO	↻↻
FERRAMENTAS E MATERIAIS	Baterias CR2032 de 3 v, LEDs amarelos de 5 mm, tecido de fibra sintética ou fita isolante.

[Este projeto foi desenvolvido pelo colunista do GeekDad.com, Russ Neumeier.]

Somos pais ocupados, por isso, às vezes, mesmo quando temos inspiração para realizar um projeto divertido com nossos filhos, leva algum tempo até colocarmos a ideia em prática. Fui inspirado a fazer lâmpadas baratas movidas a energia solar inspirado em um post publicado no site <www.instructables.com>, que envolvia a desconstrução de lâmpadas de jardim movidas a energia solar e a reinstalação delas em potes grandes de geleia. Minha inspiração me levou longe, até uma busca infrutífera por lâmpadas baratas movidas a energia solar, mas não longe o bastante para que eu fizesse alguma coisa.

Para minha sorte, a internet me deu uma resposta bem depressa (através de um site sensacional a respeito de projetos geekies chamado "Os laboratórios do cientista maluco e cruel", <www.evilmadscientist.com>). Finalmente pude transformar meu sonho em realidade!

Para este projeto, você terá de comprar os seguintes itens na loja de eletrônicos mais próxima (ou pedir pela internet):

- 12 ou mais baterias CR2032 de 3 v;
- 25 LEDs amarelos difusos de 5 mm;
- fita isolante a menos de R$ 2,00.

Cada vaga-lume sairá por aproximadamente R$ 10,00.

O processo de confecção é muito, muito simples:

1. Tire a bateria da embalagem.
2. Passe uma das pernas (condutores) do LED em um dos lados da bateria. Ela deve acender. Se isso não acontecer, dê algumas pancadinhas com o LED para uma rápida lição de polaridade. A perna mais longa é o cátodo positivo.
3. Um pedaço de fita isolante ao redor da bateria mantém o LED aceso.

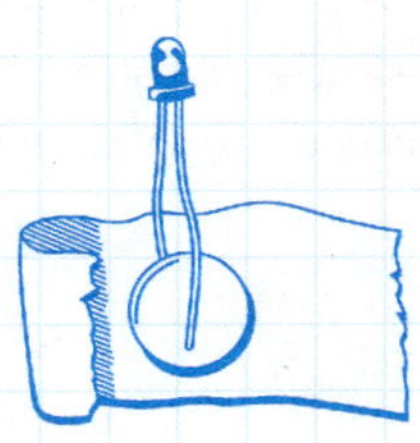

Na minha casa, a apresentação adequada é o segredo para a adoção inicial. Você não pode ficar empolgado demais com um projeto, senão fará as crianças voltarem para o sofá. Mas, se jogar casualmente um vaga-lume aceso na mesa e instruí-las a explorar o resto dos materiais, haverá dez vaga-lumes cintilando antes de você voltar do banheiro.

Este projeto também ensina algumas lições básicas de eletrônica. Quando o fiz com meus filhos, eles começaram a testar vários LEDs na mesma bateria. A sorte (e alguns condutores de LED detonados depois) ensinou-lhes que ligar e desligar a eletricidade é resultado do contato apropriado entre os condutores do LED e os lados positivo e negativo da bateria.

Uma vez que vocês criaram juntos os vaga-lumes para qualquer época do ano, mande seus filhos para o quintal e divirta-se enquanto eles correm de um lado para o outro no escuro carregando os vaga-lumes no alto.

UMA IDEIA AINDA MAIS GEEKIE!

- Junte alguns multi-LEDs e troque a polaridade. Eles vão mudar de cor!
- Faça um "lançador" prendendo um ímã natural à bateria de seu vaga-lume. Depois ande pela noite atirando-os em placas de rua e postes de luz.
- Coloque o vaga-lume em uma garrafa de boca larga e faça uma luminária de jardim. Não é necessário o uso de potes de vidro.
- Prenda asas de compensado a seus vaga-lumes e arremesse-os pelo quintal.

Este projeto é bastante simples; não requer quase nenhuma habilidade ou dinheiro para vivenciar uma experiência que estimulará a imaginação. Você só precisa de inspiração para deslanchar no projeto. Lembre-se de que a inspiração pode levá-lo muito longe.

>> VIDEOGAMES QUE GANHAM VIDA

Todos nós temos aparelhos de videogame em casa. E os games – sejam de aventura, tiro, plataforma ou simuladores – são fontes maravilhosas para que nossos filhos aprendam a lidar com desafios, resolver quebra-cabeças, pensar de maneira lógica, formular observações críticas, participar de jogos em grupo e até mesmo entender os fundamentos da ciência e da matemática. Os games podem ser uma maneira sensacional de aprender as nuances dos esportes e das estratégias militares. Mas, mesmo que você tenha um Wii Fit, jogar videogame não é um substituto real para sair de casa e fazer exercícios, sem mencionar as brincadeiras com os amigos enquanto se respira ar puro.

Então, como um bom pai geek tentado a gastar horas com um controle de videogame, que tal encorajar seus filhos a desligar as máquinas, ir para fora de casa e brincar como fazíamos antes de o Atari e a obesidade infantil chegarem (não que esteja atrelando os dois)? Eis uma ótima ideia: construir jogos que eles conhecem dos videogames, mas que possam ser encenados na vida real.

PROJETO	**VIDEOGAMES QUE GANHAM VIDA**
CONCEITO	Tornar as brincadeiras ao ar livre mais parecidas com os videogames, aumentando o desejo das crianças de brincarem fora de casa com seus amigos.
CUSTO	$ - $$
DIFICULDADE	◕
DURAÇÃO	◷
CAPACIDADE DE REUTILIZAÇÃO	GGGG
FERRAMENTAS E MATERIAIS	Cartões de cartolina, lenços de papel, bolas de plástico, vassouras, armas d'água, aros para bordar.

Os *games* mais fáceis de serem recriados ao ar livre são, obviamente, os de esportes. Por que falar para seus filhos saírem para jogar futebol ou basquete quando você pode deixá-los empolgados com uma partida de Winning Eleven ou de NBA Live? A meta é brincar com a imaginação deles. As velhas e simples partidas de futebol ou queimada são chatas, mas acrescente o conceito do videogame e a coisa ficará de fato interessante.

O que isso exige? Boa pergunta! O que torna o jogo legal? Em geral, é uma questão de escolher os times e jogadores preferidos, trabalhar as estratégias e talvez partes em que o jogo entra no modo "carreira", que lhe permitem atuar como o dono do time, trocando jogadores e construindo uma rede de franchise. Então, por que não colocar um pouco disso nos jogos ao ar livre? Você consegue imaginar que regras estabeleceria para escolher jogadores e times? Talvez você possa fazer *cards* de jogadores de futebol ou basquete para acrescentar elementos dos jogos de videogame às partidas disputadas no quintal. Por exemplo, cada um dos times em um jogo de futebol desenha *cards* predefinidos que serão utilizados para escolher os jogadores que eles representarão no ataque e na defesa.

Ou utilize a velha estratégia de formar duas filas para que os times sejam escolhidos, de forma que cada criança possa desempenhar o papel de um determinado jogador com habilidades especiais extraídas de suas estatísticas verdadeiras. E use os jogos para ajudar a ensinar estratégias às crianças – no futebol, quais são as jogadas de defesa mais corretas para reagir a um dado padrão ofensivo, ou qual é o melhor momento de arriscar uma cesta de três pontos no basquete. Relacione tudo com o videogame para que cada maneira de praticar um esporte se torne um incentivo para jogar a versão na vida real. Se as crianças estão jogando golfe no Wii Sports, elas podem jogar no gramado da sua casa com bolas de pingue-pongue, mas com as regras verdadeiras do golfe incorporadas para que as crianças aprendam de fato sobre o jogo e o motivo pelo qual as coisas que veem no videogame acontecem de determinada maneira.

Se seus filhos e os amigos não são muito fãs de jogos de simulação de esportes – muitos deles, na verdade, são bem chatos –, que tal pensar nas variações divertidas disponíveis? As franquias de videogames de esportes Super Mario e Backyard acrescentaram aos jogos de esportes tradicionais todo o tipo de diversão em estilo *arcade*, e você também pode fazer o mesmo. Tente jogar basquete, mas faça um baralho que permita todo tipo de truques amalucados que as crianças possam utilizar em benefício próprio ou contra um adversário. Por exemplo: "Todo amarrado: o próximo jogador a arremessar a bola deve fazer o lançamento com apenas uma das mãos" ou "Supervelocidade: o jogador pode ir direto da linha do meio de campo para o garrafão sem ser interceptado por nenhum adversário". Após cada ponto ou cesta marcada, o time deve tirar uma carta e utilizá-la quando achar conveniente.

Ou substitua alguns dos equipamentos do jogo. Utilize uma bola de plástico e raquetes de tênis para jogar beisebol ou vassouras e uma bolinha de borracha para jogar hóquei. Qualquer variação que torne o jogo mais engraçado e adaptado ao quintal é bem-vinda.

>> TENTE ESTE JOGO: A PISTA DE OBSTÁCULOS EXTERNA MAIS DESCOLADA

Mas há mais. Que desafio envolvendo uma pista de obstáculos poderia ser melhor do que Sonic the Hedgehog? Se você possui um quintal grande o suficiente ou pode usar os jardins de vários vizinhos para montar uma pista, já tem o mais importante.

1. Reúna alguns itens – sugeri usar aros para bordado por parecerem com os anéis do game do Sonic e custarem bem barato, podendo ser encontrados em qualquer loja de artesanato – e os espalhe pela pista.
2. Misture-os com alguns obstáculos seguros, como baldes ou latas de tinta, para serem pulados, ou algumas estruturas interessantes que as crianças possam escalar (você tem alguma caixa de eletrodoméstico grande ou piscinas de armar?).
3. Cada criança deve percorrer a pista enquanto você cronometra o tempo dela (descobri que as crianças nutrem uma paixão por serem cronometradas, independentemente de qual seja a tarefa).

4. As pontuações são calculadas a partir de uma combinação do número de itens recolhidos e a velocidade na qual a pista é concluída – exatamente da mesma maneira que o Sonic coleta os anéis enquanto acelera pelas fases do game.

Se você e seus filhos gostam mais do estilo tiroteio entre mocinhos e bandidos, os games de tiro em primeira pessoa ou de combate podem ser transportados para o quintal. Que criança não gostaria de ser o chefão final? O maior desafio em jogos como esse é identificar com clareza quem realmente foi atingido. Quantas das brincadeiras da nossa infância não terminaram com discussões aos berros com "TE PEGUEI" contra "NÃO, NÃO PEGOU NÃO!"?

Assim, uma maneira de resolver esse dilema em um jogo apropriado para os dias quentes de verão é travar uma batalha de armas d'água levando em conta um pequeno detalhe: as crianças amam jogar, mas sempre querem saber quem ganhou e odeiam que haja subjetividade no resultado das disputas. Por isso, por que não facilitar a caracterização daqueles que foram atingidos?

Sim, nós sabemos, esta será uma batalha de armas d'água. É muito fácil perceber quem foi atingido. Mas e se for levado em consideração algo mais do que a habilidade de atirar com armas d'água? E se pudéssemos realizar uma batalha cujos pontos sejam tão fáceis de serem marcados quanto nos simuladores com *laser tags*, sem que seja necessário comprar todo o equipamento? Tudo que você precisa é de alfinetes seguros e lenços de papel.

>> TENTE ESTE JOGO: AQUA TAG

1. Corte os lenços de papel em quadrados de 26 centímetros (os lenços coloridos são melhores, pois se destacam mais quando molhados).
2. Prenda esses alvos nas roupas das crianças com alfinetes.
3. Cada criança ganha uma carga de munição.
4. Estabeleça um tempo-limite e quem tiver o alvo mais seco (ou qualquer alvo ainda preso à roupa) no final ganha a partida.
5. Se você for jogar várias partidas e as roupas molhadas ensoparem os alvos antes que eles sejam atingidos, tente colocar uma folha de papel branco ou (o que é até melhor) um papel com cera ou tipo pergaminho por baixo do alvo para mantê-lo seco.

Uma excelente alternativa ao lenço de papel é um comprimido efervescente. Sim, eu disse comprimido efervescente! Se tiver alguns em casa, uma furadeira, um pouco de linha e um monte de água, tem tudo de que precisa para uma variação divertida e com uma aparência bem bacana.

>> TENTE ESTE JOGO: ESPUMA TAG

1. Fure um buraco pequeno no centro do comprimido efervescente (este processo será bem-sucedido se você for cuidadoso e garantir que a ponta da broca já esteja rodando quando tocar o comprimido – peso em excesso sobre ele o partirá).
2. Passe a linha pelo buraco. Assegure-se de que é longa o suficiente para envolver o pescoço de uma pessoa de forma que possa ser usado como um colar.
3. O objetivo do jogo é molhar o comprimido da outra pessoa. Como ele reage quando atingido pela água, começa a se transformar em espuma e, por fim, solta-se da linha.
4. A última pessoa a permanecer com o colar efervescente é o vencedor. Como alternativa, você pode dividir as crianças em times em vez de ser cada um por si. (Um agradecimento especial ao pai geek Russ Neumeier por esta ideia.)

Mas você percebeu qual é a coisa mais importante em todas essas sugestões? É isso mesmo, elas incluem você, que deve sair, organizar e, às vezes, ser o juiz da brincadeira. Ao mesmo tempo que é ótimo realizar brincadeiras que envolvam esforço físico com nossos filhos, é importante, de vez em quando, ensiná-los como jogar e ajudar a conduzir o jogo de forma que todos se divirtam o máximo possível. Como nos videogames, o jogo precisa ter uma estrutura. Creio que você encontrará as crianças muito mais ávidas para sair e brincar quando houver um propósito claro e regras bem definidas do que quando simplesmente lhes diz: "Vão brincar lá fora".

156

>> SOLTE PIPA À NOITE

Mais de dois mil anos antes de Bernoulli (matemático do final do século XVI) começar a aprender matemática, as pessoas já fabricavam e empinavam pipas. A simplicidade dessa forma mais básica de máquina voadora fascina tanto os jovens quanto as pessoas mais velhas. Qualquer um com algumas varetas, pedaços de tecido ou papel e um pouco de linha pode passar uma tarde conectado com algo que ele mesmo criou, observando a pipa planando com os passarinhos.

E, graças à ciência por trás das pipas (que entendemos melhor nos tempos modernos), muitos geeks ao longo dos anos lançaram seus olhares obsessivos sobre elas. Desde as pipas asa-deltas, as feitas para disputas e aquelas nas quais você pode se prender e voar de verdade, há muita diversão geeky a ser desfrutada em brincadeiras com pipas.

Entretanto, uma das coisas que você perceberá a respeito das pipas é que a maioria das pessoas as empina à luz do dia. Isso faz sentido, visto que a diversão proporcionada por elas é, em geral, ficar observando-a, em especial quando estamos lidando com uma bela pipa em forma de dragão ou em formato de caixa. E, quando você está empinando pipa com seus filhos, grande parte da diversão é ver o quão alto elas podem ir (as pipas, não as crianças). Obviamente, *ver* é a palavra de ordem aqui.

Mas nós somos pais geeks! Não vamos deixar algo bobo como a falta de luz diurna nos impedir de compartilhar o prazer de empinar pipa com nossos filhos. Na verdade, este projeto é exatamente o tipo de desafio que devemos vencer e transformar em uma atividade legal.

PROJETO	**SOLTE PIPA À NOITE**
CONCEITO	Prender lâmpadas à sua pipa e empiná-la à noite.
CUSTO	$ - $$
DIFICULDADE	◕◕
DURAÇÃO	◷ - ◷◷
CAPACIDADE DE REUTILIZAÇÃO	↻↻↻
FERRAMENTAS E MATERIAIS	Uma pipa, lâmpadas (LEDs ou outras), alguma forma de prender luzes à pipa (fita dupla face, cola, abraçadeiras, ímãs).

Este é provavelmente o projeto mais fácil deste livro, mas também é o que possui maior potencial para impressionar, especialmente as crianças pequenas. O que significa o máximo de diversão!

PASSO 1 | Arranje uma pipa. Você provavelmente já deve ter uma (muitos geeks e até não geeks a possuem). A pipa pode ser simples, como as clássicas varetas em forma de cruz com um losango de tecido esticado sobre a armação, ou algo complexo, como uma sofisticada pipa em formato de caixa. Para nossos propósitos geekies, escolhemos uma pipa de *Guerra nas estrelas*!

PASSO 2 | Pegue algumas lâmpadas para prender à sua pipa. Você tem várias opções neste estágio. O fator mais importante a ser considerado na hora de escolher é a relação entre peso e luminosidade. Qualquer lâmpada que usar baterias maiores que AAA provavelmente será pesada o bastante para fazer com que sua pipa perca altitude, podendo até mesmo sabotar a decolagem (por outro lado, se tiver uma pipa maior e asas relativamente fortes, pode ser que consiga planar pelos ares com um cordão de luzes de Natal movido à bateria). Em nossa pesquisa, chegamos a algumas boas escolhas:

- LEDs magnéticos autocolantes encontrados no site <www.thinkgeek.com>, ou em outros sites brasileiros (o único aspecto negativo é que essas lâmpadas praticamente podem ser utilizadas uma única vez).
- Cata-vento iluminado Mathmos: microturbinas iluminadas por LEDs que também podem ser compradas em <www.thinkgeek.com> (mais caras, embora possam ser reaproveitadas).
- Vários LEDs com alguma programação Arduino disponíveis em <www.markershed.com> (possibilidades mais geekies e programáveis para um pisca-pisca legal de verdade).

PASSO 3 | Prenda as lâmpadas à sua pipa. Dependendo das lâmpadas que escolher, terá que optar pela forma mais apropriada para prendê-las. Por exemplo, os cata-ventos iluminados podem ser facilmente presos às varetas da sua pipa com abraçadeiras pequenas. Os LEDs magnéticos podem ser fixados ao tecido colando-se algum material ferroso no verso (embora haja a possibilidade de as lâmpadas escorregarem ou serem golpeadas para longe do ferro. Prendê-las com fita dupla face pode ser uma opção mais segura). E os LEDs com programação Arduino podem ser presos às varetas com fios ou até mesmo costurados ao tecido.

PASSO 4 | Voe! O desafio neste estágio é encontrar a combinação certa de localização e condições climáticas. Você vai precisar de uma noite ou madrugada com brisa suficiente para erguer a pipa e um local que seja aberto o bastante para não se preocupar com o fato de não conseguir ver fios elétricos ou árvores na escuridão. Se você já planejou isso, então está pronto para seguir em frente – assim como está pronto para receber uma visita do Projeto Blue Book[1], uma vez que as aparições de óvnis estão cada vez mais frequentes.

1 Levantamento a respeito de aparições de óvnis realizado pelas Forças Armadas norte-americanas.

>> CONSTRUA UM CINEMA AO AR LIVRE

Certo dia, eu estava folheando um catálogo que encontrei na minha caixa de correio. Ele incluía de tudo, desde uma escada para ajudar cachorros com artrite a subirem na cama até um tapete feito com pele de coiote que custava US$ 6.000,00. Todas as coisas muito caras e bem inúteis. Só que, por fim, acabei encontrando algo que não era tão inútil assim: um sistema de *home theater* para espaços externos.

Pensei a respeito. Noites preguiçosas de verão, nas quais você se recosta em uma espreguiçadeira, bebendo algo gelado enquanto as crianças correm pelo quintal caçando vaga-lumes e assistindo a algum sucesso de bilheteria de Hollywood em uma tela imensa. São esses momentos que compõem as memórias vívidas que carregamos pelo resto de nossa existência. Mas, então, vi o preço: US$ 3.499,00 por um conjunto de DVD player e projetor, dois alto-falantes e uma tela enorme. O sonho de ver filmes no quintal começou a se tornar distante.

Mas, antes de jogar a toalha, pensei em explorar a ideia um pouco mais. E se eu mesmo comprasse os componentes separados? É claro que sairia mais barato. O catálogo obviamente indicava o fabricante de cada um deles. Por isso fiz uma pesquisa rápida no Google e encontrei os seguintes preços isolados: US$ 218,00 pelos alto-falantes, US$ 900,00 pelo conjunto de DVD player e projetor e US$ 1.149,00 pela tela dobrável. Ainda assim, todo o equipamento sairia por mais de US$ 2.000,00. Com esse dinheiro eu poderia levar toda a família para Sundance, onde ocorre o Festival Sundance de Cinema, e assistir a vários filmes durante uma semana.

Era hora de pôr a criatividade para funcionar.

PROJETO	**CONSTRUA UM CINEMA AO AR LIVRE**
CONCEITO	Construa um *home theater* ao ar livre por uma fração do custo do equipamento vendido em lojas e divirta-se horrores durante o processo.
CUSTO	$$$$
DIFICULDADE	◕◕◕
DURAÇÃO	◷◷ - ◷◷◷
CAPACIDADE DE REUTILIZAÇÃO	GGGG
FERRAMENTAS E MATERIAIS	DVD player, projetor LCD, alto-falantes potentes, baldes de 4,5 litros, cimento ou concreto, cola para PVC, parafusos com olhais, estacas com uma das pontas em formato de gancho, uma seção de 3 metros composta por tubos de PVC de 2,5 centímetros de diâmetro, abraçadeiras de 35,5 centímetros, 30,5 metros de fio de náilon, conexões de 90° (conhecidas como "cotovelos"), conexões em formato de cruz e conexões "tê", todas elas com 2,5 centímetros de diâmetro, uma peça de tecido blackout cortada no tamanho desejado para a tela, anéis isolantes e ferramentas para pregá-los ao tecido.

[Este projeto foi originalmente desenvolvido para o site GeekDad.com por Dave Banks.]

Para este projeto, você terá de usar a criatividade para encontrar os itens audiovisuais. Muitas pessoas já possuem um DVD player, seja o aparelho portátil, seja no laptop de uso pessoal ou profissional. Muitas também têm acesso a projetores LCD, em geral utilizados para apresentações no trabalho. Para os alto-falantes, você vai querer algo com a própria fonte de energia, que amplie o som dos filmes o suficiente para ultrapassar o ruído ambiente de um encontro ao ar livre.

Com os requisitos audiovisuais resolvidos, o próximo passo é encontrar uma solução simples para o elemento mais dispendioso da equação: a tela. A opção mais fácil e barata seria uma extensão de parede grande, pintada de cor clara e sem muita textura. Isso resolverá o problema de 10% dos pais, mas, para qualquer lugar com cores fortes em suas paredes exteriores, ou com desvios que podem ameaçar uma projeção de imagens uniforme, é necessário providenciar algo mais.

O que precisamos é de uma tela que não apenas seja temporária como também leve o suficiente para ser portátil e fácil de guardar. A ideia que tivemos foi uma tela feita de tecido blackout estendido sobre uma moldura de tubos de PVC de 2,5 centímetros de diâmetro. O blackout foi uma ótima solução, oferecendo praticamente a cor e a textura ideais para assistir a filmes.

>> CONSTRUINDO A MOLDURA

Pense em planejar o que virá pela frente e trabalhar com seu filho no projeto da moldura, o que inclui desenhá-la antes de ir à loja de material para comprar as peças. O primeiro passo é decidir qual o tamanho da tela que você deseja e depois projetar a moldura que irá acomodá-la. Por exemplo, se a tela tiver 1,5 por 3 metros (tamanho no qual este projeto é baseado e excelente para a maioria dos projetores), a moldura terá de ser grande o suficiente para conter o tecido esticado de maneira firme sobre a moldura, usando as abraçadeiras para manter o blackout no lugar.

A moldura será um retângulo de canos de PVC de 2,5 centímetros de diâmetro e necessitará de pelo menos três barras de sustentação em forma de cruz verticais e uma horizontal. Eis uma sugestão de layout sem as dimensões (pois o projeto obedece a uma escala!):

COTOVELO (90º)	CANO HORIZ.	CONEXÃO "TÊ"	CANO HORIZ.	CONEXÃO "TÊ"	CANO HORIZ.	CONEXÃO "TÊ"	CANO HORIZ.	COTOVELO (90º)
CANO VERT.		CANO VERT.		CANO VERT.		CANO VERT.		CANO VERT.
CONEXÃO "TÊ"	CANO HORIZ.	CONEXÃO EM CRUZ	CANO HORIZ.	CONEXÃO EM CRUZ	CANO HORIZ.	CONEXÃO EM CRUZ	CANO HORIZ.	CONEXÃO "TÊ"
CANO VERT.		CANO VERT.		CANO VERT.		CANO VERT.		CANO VERT.
CONEXÃO "TÊ"	CANO HORIZ.	CONEXÃO "TÊ"	CANO HORIZ.	CONEXÃO EM CRUZ	CANO HORIZ.	CONEXÃO "TÊ"	CANO HORIZ.	CONEXÃO "TÊ"
CANO VERT.				CANO VERT.				CANO VERT.

>> CONSTRUINDO A TELA

O tecido blackout deve ser dobrado e as extremidades costuradas para reforço. Prenda os anéis isolantes ao redor do perímetro a cada 30 centímetros aproximadamente para fixar o tecido à moldura. Estenda o tecido ao longo da moldura e prenda-o com as abraçadeiras. Isso permitirá que sejam realizados pequenos ajustes para que o tecido fique o mais centralizado possível.

>> CONSTRUINDO A BASE

Para apoiar a moldura, encha três baldes de 4,5 litros com concreto e mergulhe neles três seções de 90 centímetros compostas por canos de 5 centímetros de diâmetro. Quando o concreto secar, encaixe bem as três pernas compostas pelos canos com diâmetro de 2,5 centímetros da moldura nos canos com diâmetro de 5 centímetros do suporte. Um par de parafusos com olhais nos cantos superiores da moldura permitem que a tela seja sustentada por cordas e estacas como uma tenda, o que evita que ela bambeie se houver uma brisa durante o evento. E, com isso, a tela está pronta!

Por questão de segurança, teste a aparelhagem para ter certeza de que tudo está funcionando bem em conjunto. E, então, você estará pronto para convidar os vizinhos. Minha sugestão de pai geek é abrir o próximo verão com chave de ouro bebendo limonada, comendo pipoca e assistindo a Indiana Jones tentando descobrir a Arca Perdida. Bom filme!

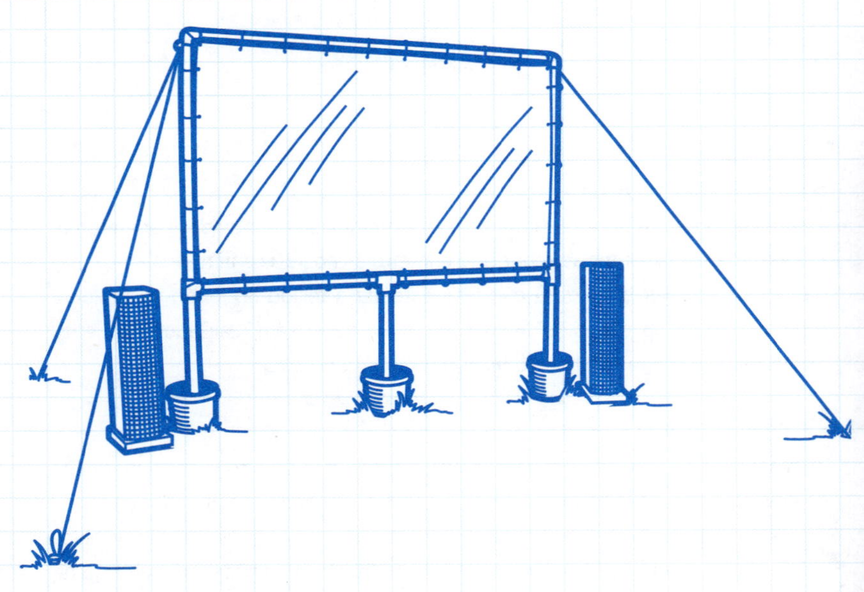

>> O BALANÇO "MÁGICO"

Ser um pai geek significa entender de ciência e, quando possível, incorporar essa compreensão aos momentos do dia a dia. Seja química na cozinha, dinâmica na mesa de bilhar, ou biologia no jardim, é vital aprimorar o conhecimento de nossos filhos a respeito do mundo que os cerca.

E uma parte importante do processo de transformar essa aprendizagem em algo palatável para as crianças é tornar a ciência divertida. Mesmo quando ela faz as coisas ficarem um pouquinho mais complicadas, às vezes é melhor acrescentar alguma ciência prazerosa – incluir um fator "uau" em um projeto mundano –, de forma que ela se torne algo a mais.

Este projeto foi inspirado nesse princípio e em *Os caçadores de mitos* (*Mythbusters*), um dos programas favoritos dos geeks.

PROJETO	**O BALANÇO "MÁGICO"**
CONCEITO	Acrescentar um pouco de ciência prazerosa a um balanço montado dentro de casa ou ao ar livre incluindo listas telefônicas com as páginas entrelaçadas como parte da corda que sustentará o assento.
CUSTO	$$
DIFICULDADE	◕
DURAÇÃO	◷◷
CAPACIDADE DE REUTILIZAÇÃO	GGGG
FERRAMENTAS E MATERIAIS	Listas telefônicas, corda, compensado, parafusos com olhais e porcas, fita-crepe, uma furadeira.

O atrito é um dos componentes principais da dinâmica e ainda assim pode ser muito difícil de ser explicado usando exemplos que vão além das experiências que envolvem lixas e queimaduras por fricção. Este projeto oferece uma demonstração surpreendentemente legal do verdadeiro poder do atrito ao utilizá-lo para sustentar o peso de uma pessoa em um balanço (o do seu filho, o seu... ou o dos dois!).

AVISO | Este não é um projeto prático. Seria mais fácil construir um balanço utilizando apenas corda. Mas não seria tão legal. E você ainda tem de manter o balanço protegido da chuva. As listas telefônicas não durarão muito se molharem ou sofrerem algum outro tipo de exposição prolongada ao clima. Este balanço deve ser construído de modo a ser facilmente desmontado e guardado.

O que faremos é pegar a ideia clássica do balanço de corda e acrescentar um diferencial: o atrito, acrescentando duas listas telefônicas entrelaçadas à sustentação dele. Caso você não tenha visto este episódio de *Os caçadores de mitos,* a ciência básica que demonstraremos aqui é: se você pegar duas listas telefônicas (e quem de fato precisa de listas telefônicas hoje em dia?) e entrelaçar as páginas como se estivesse embaralhando um baralho, praticamente nada será capaz de separá-las.

Como isso acontece? A resposta é simples: atrito. O atrito entre cada folha de papel é irrisório. Entretanto, quando você entrelaça as páginas de duas listas telefônicas com centenas de páginas, o efeito cumulativo é mais forte que cola e você não será capaz de separá-las com nada menos do que alguns tanques de guerra (por isso usamos a expressão "praticamente" no parágrafo anterior).

>> ENTRELAÇANDO AS LISTAS TELEFÔNICAS

Esta é a parte mais demorada e levemente chata do projeto. Você começará com duas listas telefônicas aproximadamente do mesmo tamanho (de preferência idênticas, se possível). Coloque-as diante de você sobre uma mesa, com as folhas de uma das listas de frente para as da outra. Imagine embaralhá-las como se fossem cartas de baralho: tudo que você terá que fazer é aproximar as faces das listas onde as páginas estão soltas e embaralhá-las.

Infelizmente, este projeto dá um pouco mais de trabalho que isso. Pegue as listas e dobre todas as páginas até que sobrem apenas as quartas capas. Aproxime as duas listas de forma que uma capa repouse sobre a outra até pelo menos metade de sua largura. Em seguida comece a passar as páginas, primeiro as de uma das listas, depois as da outra, desdobrando as páginas e alternando-as durante o processo. Faça isso até que tenha entrelaçado todas as páginas.

>> CONSTRUINDO O BALANÇO

Agora vamos incorporar as listas telefônicas ao balanço. Construiremos suportes reforçados para amarrar as cordas do nosso balanço à lombada das listas.

PASSO 1 | Corte quatro tiras de compensado (de 1,5 centímetro de espessura ou mais finas) de 7,5 centímetros de largura e do comprimento de cada uma das listas para cobrir a parte inferior e superior das lombadas.

PASSO 2 | Pegue um dos lados das listas telefônicas entrelaçadas e posicione as tiras de compensado nas lombadas, formando "sanduíches". Fixe o compensado com grampos.

PASSO 3 | Agora fure três orifícios no sanduíche de compensado e listas telefônicas, com espaçamentos uniformes. Os buracos serão de dois tamanhos diferentes. O orifício central deve ter aproximadamente o diâmetro da corda que você vai utilizar (que terá um diâmetro entre 2 e 2,5 centímetros). Os outros dois devem ter o tamanho necessário para fixar os parafusos que você utilizará para encaixar as porcas, talvez um diâmetro de 60 milímetros. Fure e encaixe as porcas, deixando os buracos do centro de cada uma das extremidades vazios.

>> MONTANDO O BALANÇO

PASSO 4 | Decida onde você vai pendurar o balanço: em uma viga, um galho de árvore robusto, ou algum ponto mais alto onde for possível prendê-lo. Calcule aproximadamente quanta corda você utilizará. Tenha em mente que haverá um nó na ponta para fixar o assento e que o comprimento deve ser suficiente para que

o balanço seja erguido 60 a 90 centímetros do chão desde o ponto mais baixo do arco do balanço, espaço suficiente para ser amarrado no local que lhe servirá de sustentação. Esta é uma estimativa moderada; você pode sempre dar alguns nós mais tarde se a corda ficar longa demais.

A escolha da corda é muito importante. Você precisará de algo suficientemente fino e forte. Uma corda de escalada pesada pode ser uma boa pedida, já que você conseguirá atá-la com relativa facilidade.

PASSO 5 | Seu primeiro pedaço de corda ficará do lado de "cima" das listas telefônicas, indo até o ponto onde o balanço será pendurado. Decida que distância será essa e então triplique-a para ter algum comprimento com que trabalhar. Passe a corda pelo buraco central e puxe-a de modo que as pontas se encontrem quando segurá-la logo acima, e dê um bom nó (vou deixar a escolha do melhor nó para suas habilidades de escoteiro ou de pesquisa na internet).

Na minha versão, prendi a ponta com o nó em um mosquetão resistente com uma furadeira no ponto onde o balanço seria pendurado. Você pode ter de realizar ajustes de acordo com o local onde pendurará seu balanço, as ferramentas e os equipamentos disponíveis, mas creio que você já entendeu como fazer.

PASSO 6 | Pendure no gancho o que você já tem até agora e faça um teste com o próprio peso. O atrito não é impressionante?! Em seguida, meça a distância a partir da parte de baixo das listas da altura onde você quer sentar até a parte mais alta do arco do balanço. Você tem duas opções: usar uma única extensão de corda amarrada a um mosquetão ou um elo metálico preso no buraco inferior da lista.

PASSO 7 | Meça a corda de forma que você tenha pelo menos 30 centímetros abaixo do ponto do assento. Construa o assento. A maneira mais fácil é cortar um quadrado de compensado fino ou usar uma camada dupla de compensado ainda mais fino e fazer um furo no centro para passar a corda. Dê um nó na corda acima e abaixo do assento para mantê-lo no lugar. Assegure-se de que os nós estejam bem atados e que são grandes o suficiente para não escapulirem do buraco.

E, com isso, está pronto! Deixe que seus filhos tentem se balançar e tente o mesmo você também. Conte para todo mundo que for visitá-los que a única coisa que mantém o balanço unido é a mágica do atrito!

(Não se esqueça de guardar o balanço dentro de casa quando acabarem de brincar. Deixá-lo molhar será uma má ideia.)

>>

ACESSÓRIOS FANTÁSTICOS

>> ABOTOADURAS DESCOLADAS

A cultura geek tende a ser, como podemos dizer... casual. Tendemos a nos sentir mais confortáveis vestindo shorts cáqui e camisetas de super-herói do que usando ternos – e isso até para ir trabalhar. Mas há algumas poucas ocasiões na vida de um geek em que pode ser necessário estar bem-vestido (e não estamos falando de cosplay). E, mesmo quando você e seus filhos estiverem embecados, não significa que tenham que perder sua credibilidade geek.

PROJETO	**ABOTOADURAS DESCOLADAS**
CONCEITO	Fazer um par de abotoaduras com conectores Ethernet RJ-45 e fio.
CUSTO	$-$$
DIFICULDADE	◕◕
DURAÇÃO	◷◷
CAPACIDADE DE REUTILIZAÇÃO	↻↻↻↻
FERRAMENTAS E MATERIAIS	Conectores Ethernet RJ-45, um par de fios paralelos torcidos, alicate.

Todo material necessário para este projeto está disponível na loja de artigos eletrônicos ou de informática mais próxima, apesar de que, se você de fato for um geek digno do título, é bem provável que você já tenha todos os itens. Obviamente, o alicate é o equipamento mais especializado, embora possa ser encontrado em quase todos os lugares.

1. Para uma abotoadura, corte aproximadamente 15 centímetros do par de fios paralelos torcidos.

2. Separe um pouco as pontas de forma que se torne mais fácil encaixá-las no conector.

3. Encaixe uma das pontas do par em um dos dois orifícios disponíveis na parte de trás do conector.

4. Encaixe a outra ponta do fio no outro orifício e dobre-o com o alicate, de acordo com as instruções incluídas na embalagem da ferramenta. Isso criará uma curva de aproximadamente 2 centímetros no fio que está saindo da parte de trás do conector Ethernet.

5. Corte um pedaço de 10 centímetros de fios paralelos torcidos, dobre-o ao meio e torça-o formando uma extensão mais grossa.

6. Quando você estiver pronto para colocar a abotoadura, encaixe a curva do fio presa ao conector Ethernet no punho da camisa, exatamente da mesma maneira como você colocaria uma abotoadura comum. Encaixe o fio de 10 centímetros dobrado na curva e torça-o para que a abotoadura se mantenha no lugar.

Repita o mesmo processo com o outro conector para completar o par.

UMA IDEIA AINDA MAIS LEGAL!

Caso você seja um instalador avançado de conectores Ethernet (o que significa saber como prender o conector na ponta de um fio), coloque um conector RJ-45 em uma das pontas de um fio e um conector Jack RJ-45 na outra. Dependendo do tamanho do fio, o acessório pode ser usado como um bracelete, uma gravata estilosa, um cinto ou um cordão onde você pode pendurar cartões de identificação como o do escritório, por exemplo.

O resultado final deste projeto é um acessório formal para o geek que está totalmente seguro de sua tecnofilia. Não importa se for uma festa de formatura ou um baile de gala, réveillon ou até mesmo um casamento (o seu, por que não?), esta pequena extravagância permitirá que você demonstre sua verdadeira natureza.

>> CARTEIRA LUMINOSA DE SILVER TAPE

Pais geeks tendem a realizar várias atividades técnicas com seus filhos. Além do videogame, adoramos aprender a programar, praticar geocaching, ou hackear os painéis eletrônicos das estradas para que os motoristas vejam citações tiradas do filme *Tron* (ok, talvez só eu faça isso). Todas são atividades geekies muito técnicas. E sabemos que os geeks também podem ser fãs de artesanato, desde fazer bolsas de crochê para guardar dados (página 184) a costurar fantasias de cosplay. Mas e se conseguíssemos combinar artesanato e toda a técnica geeky em um único projeto? Ah, isso é fácil!

PROJETO	**CARTEIRA LUMINOSA DE SILVER TAPE**
CONCEITO	Fazer uma carteira útil e durável com silver tape e acrescentar um elemento eletrônico que virá a calhar.
CUSTO	$-$$
DIFICULDADE	◕◕
DURAÇÃO	◷◷ - ◷◷◷
CAPACIDADE DE REUTILIZAÇÃO	♺♺♺
FERRAMENTAS E MATERIAIS	Rolo de silver tape (você pode usar mais de uma cor para ser criativo), um estilete ou uma faca X-Acto, base plástica de corte, régua, uma nota de dinheiro, uma lâmpada de reposição para lanternas Mini Maglite, porta-bateria AAA, fio revestido de cobre, comutador de mercúrio.

Você pode se perguntar se por acaso a silver tape é um material têxtil. Claro que é! A silver tape – outra invenção militar da Segunda Guerra Mundial utilizada no dia a dia alguns anos depois – é um reforço para tecidos que deixa o material mais resistente e possui um adesivo à base de borracha que resiste aos efeitos da umidade, tornando-a um material muito útil em uma variedade de projetos têxteis (há diversos websites dedicados aos mais variados projetos de artesanato com silver tape). De fato, a carteira propriamente dita não foi inventada para este livro. Incluímos apenas algumas variações e, com isso, aumentamos o fator geek de 10 para 11.

Este projeto é dividido em duas partes: a carteira em si e o módulo de luz. Começaremos com a carteira.

>> FAZENDO A CARTEIRA

Para fazer a carteira, primeiro reúna todos os materiais necessários. É claro que o principal deles é a silver tape. Neste projeto, iremos nos ater apenas à clássica silver tape prateada, mas há uma grande variedade de outras cores disponíveis, de forma que, se no futuro, você quiser usar a criatividade, sinta-se livre para pirar.

PASSO 1 | Você também precisará de uma superfície sobre a qual trabalhar. Uma base plástica de corte é bem eficiente, pois, ao mesmo tempo que a silver tape grudará na superfície, ela também poderá ser arrancada com facilidade, mantendo seu poder adesivo quase intacto, o que é muito importante para este projeto. Uma régua não será uma ferramenta vital, já que você pode usar a nota de dinheiro para medir as dimensões e diferentes objetos redondos, entretanto uma superfície reta será muito útil. E, caso você seja insistente, pode usar a régua, pois também lhe darei algumas medidas ao longo do projeto. Para esta parte, você precisará do estilete ou da faca X-Acto, que cortarão a silver tape como se fosse manteiga.

O que faremos aqui é uma simples carteira para notas e você pode até mesmo usar alguma que tiver em casa como modelo.

1. Comece colando três camadas sobrepostas de silver tape na base de corte para criar uma forma bruta de pelo menos 18 centímetros de largura por 10 centímetros de altura.
2. Coloque o dinheiro (que tem 6,5 centímetros de altura por 14 centímetros de largura) sobre a colagem e corte a silver tape deixando uma folga de aproximadamente 1 centímetro de cada lado, 1,5 embaixo e 4 em cima (o que deixa a

sua silver tape com uma dimensão de 16 por 11,5 centímetros). Tente deixar as bordas bem aparadas.

3. Agora, arranque cuidadosamente a fita da base (use a faca ou o estilete para puxar uma das bordas e descole todo o recorte de uma só vez) e vire o lado adesivo para cima.

4. Acrescente novas camadas de silver tape, assegurando-se de que ultrapassem toda a dimensão do primeiro corte em pelo menos 1,5 centímetro.

5. Apare essas novas camadas de forma que fiquem exatamente 1,5 centímetro maiores que as primeiras e, em seguida, corte as bordas em ângulos de 45° (lembrando todos os pedaços de papel que aparecem nos episódios de *Battlestar Galáctica*).

6. Vire a peça novamente, dobre as abas das novas camadas e cole-as de forma que você termine com uma bela folha dupla face de silver tape – o material perfeito para uma carteira à prova d'água.

PASSO 2 | Agora vamos dar início à confecção do bolso interno que guardará os elementos eletrônicos (soa como tecnologia de espionagem, não é?). Nosso modelo para o tamanho do bolso será o tamanho do porta-bateria. Falarei posteriormente sobre os materiais eletrônicos, por isso você deve ler todo o projeto antes de começar. Entretanto, o porta-bateria é um simples módulo AAA como o que você pode encontrar em muitos brinquedos ou outros aparelhos. Não é muito maior do que a bateria em si, portanto você pode aproximar o tamanho do bolso baseado nessa informação.

1. Vamos fazer uma folha dupla face de silver tape exatamente como a primeira, mas de um tamanho capaz de encaixar a bateria, deixando apenas 2 centímetros extras (a folha deve ter aproximadamente 5 centímetros de altura por 7,5 centímetros de largura).

2. O que você *não* vai fazer como da última vez é cortar os cantos em ângulos de 45° e fechar os quatro lados. Em vez disso, corte os lados formando quadrados (em ângulos de 90°) e cole apenas a parte de cima dobrando a aba.

3. Na aba de baixo, faça mais alguns cortes de modo a ter três etiquetas. É com elas que você fechará a parte de baixo do bolso.

4. Usando o porta-bateria como modelo, cole a aba da esquerda na extremidade oposta, dando ao bolso um formato de tubo. Mantenha a aba direita solta.

5. Dobre as etiquetas serrilhadas para a frente e para trás criando a parte de baixo do bolso (o interior do bolso ficará um pouco grudento – o que é intencional para ajudar a manter as partes eletrônicas no lugar).

PASSO 3 | Você então tem um bolso com etiquetas soltas com as quais pode colar do lado direito que você utilizará para prender o bolso ao interior da carteira. Faremos isso agora, colando-o à primeira folha que confeccionamos. Do lado esquerdo da folha, posicione o bolso com as etiquetas voltadas para a esquerda. A parte de baixo do bolso deve ficar a 1,5 centímetro da parte de baixo da folha, e as etiquetas devem ser dobradas atrás da extremidade esquerda da folha.

PASSO 4 | Agora vamos fazer a folha que finalizará nossa carteira, confeccionando seu interior, que será um pouco menor – por volta de uns 7,5 centímetros. Porém, como ela terá que abrigar o volume do bolso, precisará ser um pouco maior. Tente 18 centímetros de comprimento. Quando tiver aplicado a segunda face e virado a folha, corte os cantos superiores em ângulos de 90° e os inferiores em ângulos de 45°. Dobre a aba superior para colá-la.

PASSO 5 | Agora pegue a primeira folha, a que possui o bolso, e vire-a. Alinhe um dos cantos inferiores e um dos lados com sua nova folha (assegure-se de que a primeira folha esteja voltada de modo que a parte aberta do bolso esteja virada para cima e rente a uma das extremidades da nova folha). Você deve conseguir dobrar as etiquetas laterais com a cola prendendo-a na nova folha e prendendo também a primeira. Agora alinhe a parte de baixo da primeira folha com a extremidade interior da nova folha para que a etiqueta com cola possa ser dobrada para a frente e para trás. Por fim, alinhe as extremidades do outro lado e dobre a última etiqueta com cola para que a folha nova esteja presa à primeira, com o bolso dentro.

PASSO 6 | Você agora tem a carteira básica com um bolso. Se quiser, pode acrescentar outra folha interior, talvez de uma cor diferente para um toque mais descolado, e levemente menor que as paredes da carteira, como um bolso para cartões de crédito ou identidade. Deixarei esses elementos adicionais por conta da sua criatividade e da de seus filhos.

>> CONSTRUINDO A PARTE ELETRÔNICA

É na parte eletrônica que você poderá transformar este projeto em algo realmente geeky e terá a chance de brincar com os materiais que conseguir encontrar. Eu mesmo surgi com alguns itens bem legais que desenterrei da loja de artigos eletrônicos. O mais útil deles foi a lâmpada. Apesar de nós, geeks, adorarmos colocar LEDs em tudo (como você pode perceber nas outras páginas deste livro), às vezes a alternativa mais simples é a melhor e a mais fácil. Quando vi essas lâmpadas de reposição para lanternas Mini Maglites que foram especificamente projetadas para serem utilizadas com uma bateria AAA, fiquei feliz. O que pode ser mais fácil do que ter uma bateria, uma lâmpada e um comutador para construir o circuito de que precisamos?

Admito que o projeto poderia se tornar um pouco mais geeky e eficiente se utilizássemos LEDs e uma bateria CR2032, mas vou deixar para você a opção de descobrir como fazê-lo e decidir que materiais adotar.

Quando falei que esta era a parte mais geeky do projeto, na verdade estava me referindo ao comutador. Apesar de haver vários interruptores pequenos e elegantes nas prateleiras da loja que costumo frequentar, quando vi que eles tinham uma pequena seleção de comutadores de mercúrio, me dei conta de que tinha de usar um!

A reunião dos elementos eletrônicos é um processo consagrado pelo senso comum: construa um circuito a partir do lado negativo do porta-bateria, passe pelo comutador, pela lâmpada e então prenda o fio no lado positivo do porta-bateria.

1. Pegue o porta-bateria (sem a bateria, por enquanto) e prenda um dos conectores do comutador de mercúrio no lado negativo (em geral, a extremidade com as molas). Talvez você queira usar um alicate de nariz de agulha para ajudar a manipular os fios e ter certeza de que prendeu tudo com firmeza para evitar mau contato.

2. Você pode usar pequenas tiras de silver tape para prender o interruptor no porta-bateria. Assegure-se de que o comutador de mercúrio esteja posicionado de forma que, quando a carteira estiver "virada para cima" – entenda por "parte de cima" a parte aberta por onde se vê o que há lá dentro –, o interruptor seja ativado (a bolha de mercúrio vai para "baixo" da lâmpada, onde tocará nos dois contatos para fechar o circuito).

3. O outro conector do comutador de mercúrio deve ser preso a uma pequena extensão de fio, para que o circuito possa atingir a extremidade superior/positiva do porta-bateria.

4. Na parte superior, prenda um dos conectores ao fio, e o outro, ao conector positivo do porta-bateria.

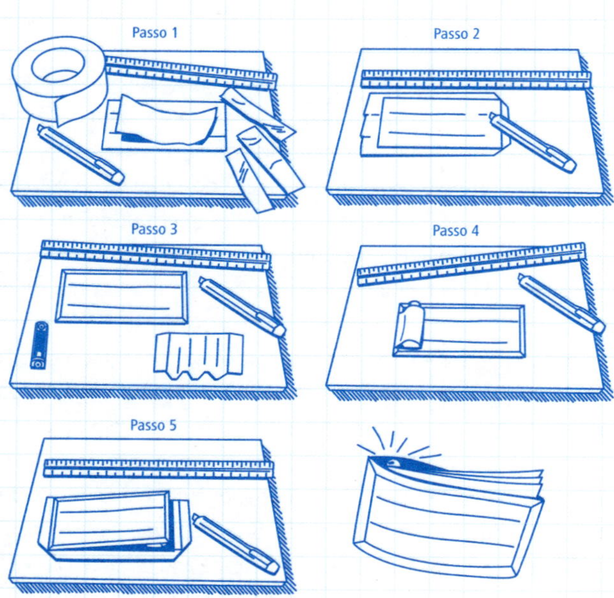

5. Com algumas torcidas nos fios e uns pedacinhos de silver tape para prender o que ainda estiver solto, você terá um circuito.

6. Coloque uma bateria AAA no porta-bateria e então teste o circuito virando-o de cabeça para baixo e de um lado para o outro para ter certeza de que a lâmpada acenderá e apagará.

Agora é só colocar o circuito no bolso dentro da carteira. A lâmpada deve ultrapassar um pouco o topo, embora não deva exceder a carteira propriamente dita. Coloque algumas notas lá dentro e maravilhe-se com sua carteira iluminada!

POR FAVOR, LEMBRE-SE!

Há duas recomendações que acompanham este projeto. A primeira é que, por segurança, a carteira deve ser sempre colocada no bolso da frente da calça, já que tanto a lâmpada quanto o comutador podem ser esmagados se você sentar sobre eles. A segunda é que, devido ao fato de utilizarmos um comutador de mercúrio, quando a carteira estiver no seu bolso deve ser colocada de cabeça para baixo para que a luz se mantenha apagada. Além disso, guardar moedas na carteira pode ser uma má ideia.

>> BOLSINHA DE CROCHÊ PARA DADOS

Um dos mais importantes acessórios para qualquer bom pai ou criança geek que jogue RPG é a bolsinha de dados. É o contêiner de suas ferramentas mais confiáveis: d20, d12, d10, d8, d6 e d4. Na verdade, é provável que você tenha mais de um de cada tipo, já que deve possuir conjuntos de dados para diferentes jogos (o conjunto completo para *D&D,* todos os d6s para o *Champions,* com um sistema das antigas, e por aí afora). E, se você quiser tratar suas ferramentas da maneira certa, e também demonstrar sua dedicação ao RPG, vai querer confeccionar a própria bolsa.

Então é hora de você e todo seu espírito geeky entrarem mais uma vez em contato com seu lado artesão neste projeto sensacional proposto por Natania Barron, colunista do GeekDad.com e jogadora que leva o RPG a sério.

PROJETO	**BOLSINHA DE CROCHÊ PARA DADOS**
CONCEITO	Fazer a própria bolsinha de crochê para guardar dados de RPG.
CUSTO	$ - $$
DIFICULDADE	◕◕◕
DURAÇÃO	◷◷◷ - ◷◷◷◷
CAPACIDADE DE REUTILIZAÇÃO	GGGG
FERRAMENTAS E MATERIAIS	Agulhas de crochê, linha.

O crochê é com toda a certeza uma atividade que possui o certificado geek. É importante entender os seguintes conceitos-chave: fazer crochê consiste basicamente em atar nós, o que é uma atividade geek desde os tempos imemoriais. Você dá nós em uma linha para construir uma estrutura. Na verdade, pode encarar o crochê como uma espécie de engenharia têxtil! E, sobretudo, as assim chamadas receitas de crochê não são receitas coisa nenhuma: são programas. Você processa as linhas de um código, – o que pode ser mais geek? Além disso, todo jogador, seja ele jovem (como seu filho) ou mais velho (como você), precisa ter uma bolsinha de dados descolada e original para levar à mesa de RPG. E por que não confeccionar a sua?

A mãe geek Natania já foi uma grande tricoteira, mas, quando teve um filho, ficou bem claro que tricotar não era mais uma opção para ela. Os dedinhos habilidosos de seu filho destruíam em segundos e com a maior facilidade o resultado de horas de trabalho, o que a deixava frustrada (e com menos presentes para distribuir no Natal). Ela já sabia alguma coisa sobre crochê, mas achava que, você sabe, isso era coisa de senhorinhas de cabelos grisalhos que passavam o dia crochetando e tomando chá em alguma casa de repouso. Felizmente, sites como <www.ravelry.com> (um bom lugar para começar, pois fornece dicas básicas, alguns truques sobre crochê e ensina como se tornar alguém na comunidade dos crocheteiros) e um recente ressurgimento da arte do crochê fizeram com que ela aprendesse mais.

O maior benefício do crochê é que todo o trabalho fica preso em um laço. Assim, a não ser que seu filho seja realmente um pestinha, é pouco provável que seja capaz de desfazer o trabalho com a mesma facilidade que destrói carreiras de tricô. E o benefício adicional do crochê é que ele é supermaleável. É quase como trabalhar com argila. Uma vez que se aprende o básico, é possível realizar todos os tipos de projetos que, assim como os que envolvem o tricô, podem ser muito desafiadores – chapéus, meias, brinquedos – e oferecem possibilidades realmente infinitas.

Esta bolsinha de dados surgiu do desejo de Natania de acrescentar um pouco de estilo à mesa de RPG, jogo segundo o qual o lugar em que se guardam que os dados é tão importante quanto os dados em si. Usando as sobras de linha acumuladas em seu estoque, Natania trabalhou em uma bolsinha de dados espaçosa o suficiente para abrigar um punhado deles e que, ainda assim, fosse resistente. Após alguns protótipos, o melhor projeto foi o que incluía 100% de lã feltrada e com o fundo completamente plano, o que é útil, pois faz a bolsinha repousar com perfeição sobre a mesa de jogo, evitando que os dados se espalhem e permitindo que você pegue somente aqueles de que necessita. Dito isto, a receita permite várias alterações. Você pode misturar cores, variar os pontos ou deixá-la ainda mais descolada acrescentando algumas miçangas.

Eis o "programa" para confeccionar sua bolsinha de dados (os asteriscos indicam instruções que devem ser repetidas):

- Para começar: 3 correntes (cor), 1 ponto escondido (pt es) para passar à primeira carreira.
- 1ª carreira: 8 crochês duplos (cd) no laço central, 1 pt es no 1º cd.
- 2ª e 3ª carreiras: 2 cor, *2 cd em cada cd.* Repita no restante do círculo. Pt es sobre o 1º cd.
- 4ª carreira: 2 cor, *cd no 1º cd, 2 cd no próximo.* Repita no restante do círculo. Pt es no 1º cd.
- 5ª carreira: continue acrescentando os pontos da 4ª carreira ao redor do círculo até que a base alcance a dimensão desejada (eu gosto do tamanho atingido quando se completa a 5ª carreira).
- 6ª carreira e todas as demais até que se atinja a altura desejada: 2 cor, *1 cd em cada cd*. Você pode fazer o crochê ao redor do círculo ou trabalhar com carreiras. Eu prefiro as carreiras porque a parte de cima fica mais regular.
- Carreira final: 2 cor, *cd no 1º cd, 2 cds no 2º.* Repita esses passos por todo o círculo. Isso acrescentará uma pequena borda ou curva na parte de cima para que você possa amarrar a bolsinha.

Se você for feltrar sua bolsa (a feltragem é um processo que rompe as fibras da lã para dar à peça uma aparência mais semelhante à de um tecido), não se preocupe em costurar as bordas. Você poderá cortá-las depois. Se não feltrá-la, costure as extremidades para que a linha não repuxe.

Para feltrar: jogue a bolsinha na lavadora de roupas. Se você não estiver preocupado com o tamanho, simplesmente deixe-a lá para ser sacudida de um lado para o outro. Assegure-se de que a máquina esteja programada no modo de água quente e de agitação mais potente. Quando o ciclo estiver concluído, os pontos terão sido dissolvidos. Para moldá-la, estenda a bolsinha ainda molhada – não tente fazer isso na secadora de roupas – sobre uma caneca, xícara ou um balde de gelo para bebidas (sério? Um balde de gelo?).

Quando usar várias cores, assegure-se de que os novelos de lã sejam da mesma marca e evite o branco, já que essa cor não enfrenta bem o processo de feltragem. A não ser que você queira variar as texturas na hora de feltrar, trabalhe da maneira que preferir.

Para fechar a bolsinha, você pode fazer um sistema de laços duplos usando dois cordões trançados envolvendo a bolsa e atados com firmeza para fechá-la. Entretanto, às vezes um laço simples pode realizar o trabalho com perfeição. Faça um buraquinho na lã feltrada para passar o laço, que pode ser uma simples corrente de lã ou, se você preferir que o laço deslize com mais facilidade, um fio de náilon.

Caso esteja no clima, poderá sempre embelezar sua bolsinha com miçangas. Ou, você sabe, cortar alguns d8 com uma serra pequena e usar os pedaços...

UMA IDEIA AINDA MAIS LEGAL!

Uma vez que você dominar o crochê e seu primo-irmão, o tricô, haverá todo um novo mundo de projetos artesanais geekies esperando por você. Alguns outros itens que podem ser confeccionados, como sugerido por J. Lynne do D3blog (<http://jlynne.exit-23.net/2007/12/05/thirteen-geeky-knitting-projects/>), incluem o gorro usado por Jayne Cobb no seriado *Firefly*, um capacete do R2D2, uma peruca da Princesa Leia, o cachecol de Tom Baker em *Dr. Who* ou o da casa de Grifinória, de Hogwarts, ou qualquer outra coisa que você e sua imaginação geek criarem.

>>

CRIANÇAS GEEKS SALVAM O MEIO AMBIENTE

>> A CIÊNCIA DA ADUBAÇÃO

Enquanto eu escrevia este livro, minha casa em San Jose, próximo a São Francisco, na região da Baía de Oakland, enfrentava o verão mais frio do qual posso me lembrar. Pode-se dizer que "coisas estranhas estão acontecendo no Círculo K", onde, logicamente, "Círculo K" = meio ambiente.

Geeks se interessam por ciência, e evidências científicas espantosas estão nos dizendo que os efeitos de nossa relação nada amistosa com a natureza desde a Revolução Industrial, e que perdura até hoje com as indústrias manufatureiras, automobilísticas e mineradoras, acumularam-se em um nível tão sério que temos enfrentado resultados ambientais em uma escala alarmante. Como pais geeks, cabe a nós educar nossos filhos a respeito dessas evidências e as coisas que precisam ser feitas para conter nossa descida ladeira abaixo. Uma maneira muito útil de fazer isso é nutrir uma consciência ambiental dentro de casa.

Mas ter consciência ecológica pode significar coisas diferentes dependendo do indivíduo. Por exemplo, meus filhos não recebem uma mesada regular. Em vez disso, juntam latas e garrafas para trocarem por dinheiro no centro de reciclagem local.

Economizar energia também é importante, apesar de ainda termos que insistir muito para que eles desliguem o videogame e apaguem as luzes ao saírem de um cômodo.

Mas uma atividade que pode encorajar um estilo de vida mais amigo do meio ambiente (sem mencionar o fato de ser igualmente saudável) e oferecer algumas lições importantes é cultivar alimentos. Apesar de a agricultura não parecer uma atividade terrivelmente geeky, garanto que, quando você acrescentar ciência à mistura, qualquer um pode se transformar em um jardineiro geek. É por isso que incluí, neste capítulo e no próximo, dois projetos fáceis e levemente geekies relacionados ao cultivo de alimentos que você e seus filhos podem fazer juntos.

PROJETO	A CIÊNCIA DA ADUBAÇÃO
CONCEITO	Construir uma composteira (reservatório de adubo) com materiais simples.
CUSTO	$$
DIFICULDADE	◕
DURAÇÃO	◷ - ◷◷
CAPACIDADE DE REUTILIZAÇÃO	GGGG
FERRAMENTAS E MATERIAIS	Lata de lixo de plástico, furadeira, pedras, jornal picado, ativador de adubo.

UMA OBSERVAÇÃO SOBRE OS MATERIAIS

Você pode comprar uma lata de lixo de plástico na loja de departamentos mais próxima à sua casa. Não precisa ser nada sofisticado. Pode ser uma dessas lixeiras com capacidade para 75 litros e uma alça, se quiser começar com algo pequeno, ou uma lata de lixo do maior tamanho que encontrar, caso deseje ser um pouco mais ambicioso. O ativador de adubo já é um item um pouco mais especializado (embora não seja mais tão raro quanto no passado). Você certamente irá encontrá-lo em lojas de materiais para jardinagem ou na internet.

PASSO 1 | Com sua supervisão atenta, deixe que as crianças furem vários buracos no topo (tampa) e no fundo da lata de lixo. Não há nenhuma regra rígida a respeito do tamanho, da quantidade e do espaçamento, mas faça algo em torno de 8 a 12 buracos de aproximadamente 1 centímetro, com um espaçamento uniforme, tanto na tampa quanto no fundo. Isso deve permitir um nível adequado de ventilação e escoamento de líquidos.

PASSO 2 | Preencha aproximadamente 15 centímetros do fundo da lixeira com uma mistura de jornal picado e pedras pequenas (as pedras não são essenciais, mas ajudarão o projeto a funcionar melhor). Acrescente então uma quantidade de ativador de adubo suficiente para preencher pelo menos metade da lata de lixo.

PASSO 3 | Antes de começar a fabricar fertilizantes, você deve se fazer uma pergunta: qual será a melhor localização para seu depósito de adubo? Considere que, apesar de seu visual utilitário, ele pode pingar um pouco e também possuir uma tendência a cheirar mal de vez em quando. Além disso, você achará melhor que seja um local de fácil acesso, já que jogará coisas dentro dele com certa frequência e também terá que molhá-lo de tempos em tempos. Talvez você também queira pensar no futuro e colocar seu depósito em um local onde possa expandi-lo caso resolva mergulhar de vez no ramo da adubação.

SOBRE O ATIVADOR DE ADUBO

Você não precisa utilizar um ativador de adubo específico para este projeto. É possível começar apenas com terra de boa qualidade, mas o ciclo da decomposição levará muito mais tempo para se completar. Também não precisa comprá-lo em uma loja. Pergunte aos seus vizinhos se por acaso alguém está fabricando adubo e se você pode pegar um pouco para começar seu reservatório. A maior parte da galera que é legal o suficiente para fabricar adubo também será legal na hora de compartilhá-lo.

PASSO 4 | Quando seu reservatório estiver em um lugar adequado, é hora de começar a enchê-lo. Na internet há diversas fontes bastante úteis sobre adubação (veja os links no Apêndice A). Mesmo assim, fiz um guia de alguns itens que podem ou não ser decompostos:

COISAS QUE PODEM SER DECOMPOSTAS

A maioria dos restos de comida; agulhas de pinhões; aparas de plantas; arranjos de flores que murcharam (sem as fitas); arroz cozido; batata chips vencida; biscoitos de chocolate; borras de chá, café e de processos de fermentação; caixas de cereal feitas de papelão (picadas); camarão e lagosta; caroços de azeitona; caroços de tâmara; carteiras e pulseiras de relógio feitas de couro; cascas de amendoim; cascas de banana; cascas de batata; cascas de caranguejo; cascas de cebola; cascas de frutas cítricas; cascas de noz; cascas de ovo; cascas de pão; cascas de torta; cereal matinal vencido; cerveja velha; cola branca; cotonetes; envelopes de cartões de felicitações; ervas secas e murchas; farinha de osso; fibras da casca do coco; fibras de algodão que ficam presas na secadora de roupas; filtros de café feitos de tecido; fios de lã; folhas de alcachofra; fósforos; frutas e vegetais queimados na geladeira; frutas e vegetais podres; gelatina; grama cortada; guardanapos de papel; insetos mortos; iogurte vencido; jornal ou papel que você usa para forrar a gaiola do passarinho ou do coelho; lenços de papel; líquido contido em frutas e vegetais enlatados; listas de compras; luvas de jardinagem antigas feitas de couro; luvas; macarrão com queijo; massa de macarrão velha; ossos de peixe; pão e outros produtos da padaria estragados; papel que envolve sabonetes; papelão picado e jornais picados (evite os encartes de papel brilhoso); peixe estragado; pelos do seu bichinho de estimação; penas; pétalas de rosa; picles; pipocas que não estouraram; plantas de aquário; poeira; pontas de lápis; Post-its; queijo mofado; restos de peixe cozido; restos que não foram aproveitados após o peixe ser limpo; sacolas de papel pardo; salada de fruta; saquinhos de chá; sementes de abóbora; sementes velhas ou com a validade vencida; serragem (embora em excesso possa tornar o processo mais demorado); sorvete derretido; talos de maçã; tecidos de algodão; temperos velhos; toalhas de papel; tofu; torradas queimadas.

COISAS QUE NÃO PODEM SER DECOMPOSTAS

Carnes; comidas gordurosas; ervas daninhas; materiais inorgânicos; ossos de carnes; plantas doentes; plásticos (a não ser quando explicitamente classificados como biodegradáveis); produtos feitos com algodão quimicamente tratado; restos de animais.

Uau! Uma lista é obviamente maior que a outra, não é?

>> HIDROPONIA CASEIRA

Pode ser que você não tenha espaço ou uma localização adequada para um reservatório de adubo. Que dirá então um jardim bem cuidado para fertilizar os resultados. Mas ainda assim você pode desfrutar da excitante ciência da jardinagem. O segundo projeto ecologicamente geeky levará o jardim a um ambiente fechado.

PROJETO	**HIDROPONIA CASEIRA**
CONCEITO	Construir um horta hidropônica em um ambiente fechado a partir de materiais reciclados.
CUSTO	$ - $$
DIFICULDADE	◕◕
DURAÇÃO	◷ - ◷◷
CAPACIDADE DE REUTILIZAÇÃO	GGGG
FERRAMENTAS E MATERIAIS	Garrafas de refrigerante de 2 litros, tesoura ou estilete, broca, solução de nutrientes hidropônicos, kit para testagem de pH ou papel de tornassol, suco de limão, fermento, bomba de aquário, pedra porosa de ar (uma pequena capa de pedra que ajuda a fazer bolhas realmente minúsculas em vez das maiores – o que melhora a oxigenação da água. Você deve encontrar pedras de ar em qualquer pet shop que venda equipamentos para aquários), lâmpada para crescimento.

A hidroponia é a ciência de cultivar plantas (e às vezes alimentos) sem terra ou luz direta do sol. É ótima para casas sem jardim ou quando se deseja criar plantas nas condições mais controladas possíveis. Faz também menos sujeira do que ficar revirando a terra e, dependendo de como você organizar as coisas, pode ter um visual bem bacana.

O que é ainda melhor é o fato de ser muito fácil e barato construir seu jardim hidropônico com uma mistura de materiais comprados em lojas com outros reciclados. E, na primeira vez em que sua família se sentar para degustar uma refeição com alimentos que você e seus filhos cultivaram na garagem, todos abrirão um sorrisinho geek.

PASSO 1 | Uma típica garrafa de refrigerante tem 30 centímetros (aposto que você não sabia disso). Você cortará sua garrafa na horizontal, 13 centímetros acima da tampa (ou, você sabe, 17 centímetros abaixo da tampa), de forma que terá uma peça superior ligeiramente maior que a inferior. Se virar a peça superior de cabeça para baixo, seu topo poderá ser encaixado no centro da base.

PASSO 2 | Tire a tampa da peça superior e, na sua oficina ou outra área segura, faça vários buraquinhos no topo dela com uma furadeira. Use uma broca de 1/8". É provável que consiga fazer pelo menos cinco buracos espaçados de maneira uniforme. Quando tiver terminado, coloque a tampa de volta na parte superior da garrafa.

PASSO 3 | Coloque a pedra de ar na extremidade da mangueira da bomba e encaixe-a na metade inferior da garrafa (que passará a ser chamada de "reservatório"), empurrando a parte superior (que agora e para sempre passará a ser chamada de "contêiner") de volta, de modo que a tampa encoste na parte mais elevada do fundo da garrafa. A mangueira deve alimentar o espaço entre a parede interna criada pelo contêiner e a parede externa criada pelo reservatório.

UMA OBSERVAÇÃO SOBRE A ESCOLHA DA BOMBA

Se estiver construindo apenas uma unidade hidropônica, é provável que consiga se virar bem com a bomba de capacidade mais baixa que conseguir encontrar (que será, consequentemente, a mais barata). Entretanto, se for construir um grande jardim hidropônico, pode comprar uma bomba com uma capacidade maior e divisores de ar – em essência separadores de saída controlados –, o que permitirá compartilhar o ar de uma única bomba com várias mangueiras. É provável que você alimente um divisor de ar com outro divisor, visto que a necessidade de ar de uma única unidade de reservatório/contêiner é muito pequena.

PASSO 4 | Se você planeja utilizar água da torneira em sua unidade, terá que testar o pH e ajustá-lo para que se aproxime de 7, o que pode ser feito com suco de limão (se o pH estiver muito alto) ou fermento (se estiver muito baixo). Caso faça isso, terá que experimentar as concentrações. É claro que você tem a alternativa de usar água destilada, que é um pouco mais cara, mas fará com que você economize tempo e esforço.

PASSO 5 | Misture a água e a solução de nutrientes de acordo com as instruções da embalagem e despeje uma quantidade suficiente em sua unidade para encher metade do reservatório.

PASSO 6 | Agora você precisa acrescentar o material que fará com que as plantas cresçam – basicamente o "solo" sem terra onde as raízes de suas plantas se desenvolverão. Você possui várias opções, da mais barata à mais cara. Na extremidade menos dispendiosa, temos algum tipo de cascalho, contas de vidro ou até mesmo (sim, isso já foi feito) tijolinhos de Lego. As raízes das plantas querem apenas crescer sobre algo e qualquer bloco de material poroso servirá. Já se você quiser montar um jardim de primeira classe, os sites de artigos para hidroponia oferecem "pedras" de perlite, que retêm a umidade e encorajam o crescimento das raízes, ou até mesmo bolas feitas de fibra de coco. Você deve decidir qual será o tamanho do seu orçamento e de sua obsessão geeky, e o quão longe deseja levá-los.

PASSO 7 | Encha o contêiner até o ponto em que a superfície do material seja também a superfície da água/mistura de nutrientes e depois adicione a planta. Que plantas você deve usar? Bem, a intenção deste projeto é produzir comida e algumas das melhores plantas comestíveis para hidroponia são alface e outros vegetais, folhas verdes, todos os tipos de ervas e tomates. É claro que para os tomates você terá que trabalhar em um sistema de estacamento para que os tomateiros possam crescer verticalmente e sustentar o peso das frutas quando estiverem maduras.

PASSO 8 | Um elemento-chave no cultivo de plantas em espaços fechados é a iluminação. Caso haja em sua casa alguma janela que permita a entrada de um bom fluxo de luz solar durante parte do dia e que você não se importe em bloquear com vegetais em crescimento, é exatamente ali que você pode instalar sua unidade.

Mas, se for colocá-la em um cômodo totalmente fechado (como uma garagem), precisará de luz artificial. Lâmpadas fluorescentes são boas opções, especialmente os modelos que simulam a "luz total do sol". O bom é que também há lâmpadas fluorescentes compactas disponíveis no mercado que funcionam tão bem quanto. Elas não são baratas, mas, se você for deixá-las noite e dia acesas, a economia de eletricidade e de reposições fará com que valham a pena a longo prazo.

Há sistemas hidropônicos mais sofisticados – na verdade, este é mais um daqueles hobbies nos quais você pode enterrar montanhas de dinheiro. Entretanto, o básico é bem fácil e eficiente, pode ser concluído com rapidez e de maneira barata, e as recompensas continuarão sendo fornecidas. Após compartilhar algum tempo de qualidade com seus filhos para concluir este projeto, você pode ter saladas frescas cultivadas de maneira orgânica todos os dias!

>>

CONSTRUA/APRENDA/GEEK

>> FAÇA UM CALENDÁRIO BINÁRIO

Um conceito-chave matemático para qualquer criança interessada em computadores é o sistema numérico binário, o cerne do funcionamento de qualquer coisa digital. Um bit representa os dois estados possíveis de um comutador: 0 ou 1, desligado ou ligado. Oito bits formam um byte (em geral, há várias exceções, mas esses são detalhes técnicos que não serão abordados aqui), que os computadores usam para lidar com a linguagem. Oito comutadores que podem ser tanto ligados quanto desligados representam 256 caracteres (os dois estados, ligado ou desligado, vezes dois estados, vezes dois estados e assim por diante; ou $2^8 = 256$). Semelhante a um antigo código representacional, 256 números são mapeados para todas as letras (em caixa-alta e baixa), dígitos, sinais de pontuação etc., de forma que você possa salvar e manipular nossa língua em uma máquina.

Tudo isso é o básico da computação, mas a ideia dos números binários ainda é um pequeno obstáculo que deve ser vencido quando se está começando. É por isso que os incluí neste projeto como meio de fazer com que seu filho pense todos os dias como um ás da programação.

PROJETO	**FAÇA UM CALENDÁRIO BINÁRIO**
CONCEITO	Confeccionar um calendário manual simples que utilize números binários para informar a data.
CUSTO	$
DIFICULDADE	◕
DURAÇÃO	◷ - ◷◷
CAPACIDADE DE REUTILIZAÇÃO	⟳⟳⟳⟳
FERRAMENTAS E MATERIAIS	Tijolinhos básicos de Lego.

Vamos confeccionar uma estrutura simples de Lego que permitirá que você e seu filho sigam os dias e os meses manualmente, utilizando o sistema binário. Neste caso, o que significa *manualmente*? A maneira como aqueles calendários formados por blocos de plástico que podemos encontrar na maioria dos balcões dos bancos funcionam – todas as manhãs alguém atualiza manualmente a data. Não, isso não é nada high-tech. Não é este o ponto.

Primeiro, você deve estar se perguntando: como vamos representar os dias e os meses em números binários? Bem, através de um código representacional, como mencionei anteriormente. Uma dada sequência binária, traduzida a partir de sua base, o 1 e o 0, representará os itens do calendário. Por exemplo, o dia da semana. Há sete dias da semana: segunda-feira, terça-feira etc. Se representarmos cada um deles com um número, de 1 a 7, poderemos traduzir isso para o sistema binário. Já que 7 é menor que 8 (dã!), podemos representar cada um dos dias da semana com um número binário de 3 dígitos, para os quais há 8 (2^3) variações possíveis – 1 em código binário (001) representa o domingo, 2 em código binário (010) representará a segunda-feira e assim por diante.

A seguir, uma tabela que representa os códigos binários para os números de 1 a 7, que representarão os dias da semana de domingo a sábado:

DIA	**DOM**	**SEG**	**TER**	**QUA**	**QUI**	**SEX**	**SÁB**
DECIMAL	1	2	3	4	5	6	7
BINÁRIO	001	010	011	100	101	110	111

Se vamos fazer a mesma coisa com os meses, precisamos expandir um pouco nossa tabela. Há 12 meses no ano, por isso vamos precisar de um número binário maior para dar conta dessa contagem. Desta vez, vamos usar um código binário de 4 dígitos (2^4 nos dá 16 combinações possíveis, das quais utilizaremos apenas 12). Veja se você é capaz de notar o padrão a partir do conjunto de 4 dígitos:

	JAN	FEV	MAR	ABR	MAI	JUN	JUL	AGO	SET	OUT	NOV	DEZ
DECIMAL	1	2	3	4	5	6	7	8	9	10	11	12
BINÁRIO	0001	0010	0011	0100	0101	0110	0111	1000	1001	1010	1011	1100

E, finalmente, faremos o mesmo com os dias numéricos do mês. Já que temos um máximo de 31 dias, precisaremos de números binários de 5 dígitos (2^5 dá 32 combinações possíveis, o que é suficiente para nossas necessidades).

DATA	1	2	3	4	5	6	7	8
DECIMAL	1	2	3	4	5	6	7	8
BINÁRIO	00001	00010	00011	00100	00101	00110	00111	01000

DATA	9	10	11	12	13	14	15	16
DECIMAL	9	10	11	12	13	14	15	16
BINÁRIO	00001	01010	01011	01100	01101	01110	01111	10000

DATA	17	18	19	20	21	22	23	24
DECIMAL	17	18	19	20	21	22	23	24
BINÁRIO	10001	10010	10011	10100	10101	10110	10111	11000

DATA	25	26	27	28	29	30	31
DECIMAL	25	26	27	28	29	30	31
BINÁRIO	11001	11010	11011	11100	11101	11110	11111

Agora que já temos o código, o que faremos com ele? Bem, o que desejamos construir é algo que nos permita diferenciar com facilidade duas opções: 0/1, desligar/ligar, preto/branco – qualquer par que torne óbvio que uma entre duas possibilidades está sendo revelada para demonstrar o estado binário. Há diversas variações deste projeto disponíveis na internet. A mais fácil delas utiliza moedas cujas caras e coroas representam 0 ou 1. Nós, entretanto, gostamos de tijolinhos de Lego. Com eles, temos algumas opções disponíveis que envolvem cores ou superfícies. E, para deixar a coisa realmente visual, vamos usar as duas!

Agora, devo declarar que este projeto fará você e seus filhos desenvolverem rapidamente a habilidade de tradução. O produto final requer uma tradução rápida de uma combinação de cores e superfícies do dígito binário representado e, em seguida, a tradução de um grupo desses dígitos para suas versões decimais e daí para seus significados no calendário. Uma combinação astuta! Mas está longe de ser uma proeza impossível e é um excelente treinamento para uma mente aguçada.

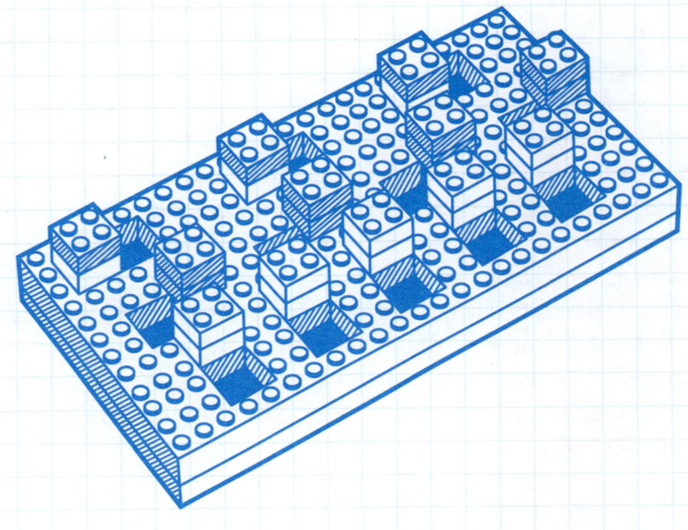

A construção do calendário será simples como todos os projetos com Lego. Usará apenas peças básicas e, se você não possuir todas elas nas quantidades necessárias, pode improvisar. Ou melhor, no site <www.geekdadbook.com>, você pode fazer o download de um Desenvolvedor Digital de Projetos Lego cujos dados podem ser encaminhados para a loja on-line (<www.lego.com>) para que você possa encomendar as peças de que necessita ou imprimi-los e levá-los até a loja de brinquedos mais próxima para comprar as peças que faltam.

Minha versão do calendário foi feita com bases de 5 x 10. Sei que não é uma base-padrão e se você não for capaz de encontrar uma dessas, pode usar bases menores sobrepostas, construindo uma placa com as mesmas dimensões e formato.

Tudo que precisamos fazer é criar uma camada dupla com peças pretas que cubra toda a base, exceto onde nossos tijolinhos de 2 x 2 serão encaixados para servirem como contadores binários. No fundo de cada um desses slots haverá um pedaço de 2 x 2 da base coberta por um tijolinho de tipo liso (sem os pininhos típicos do Lego), também de 2 x 2. Isso permitirá que a inclusão e o desencaixe dos contadores binários sejam realizados com maior facilidade.

Assegure-se de colocar os tijolinhos lisos antes de incluir os contadores binários – a parte mais fácil, na verdade. Separe alguns conjuntos de tijolinhos de 2 x 2 em cores contrastantes e os empilhe em duas camadas. Você precisará de três pares de cada combinação de cores, quatro de outra e cinco de um terceiro conjunto. Você já deve ter entendido o que vamos fazer, mas, de qualquer forma, não custa nada reforçar: essas serão as opções 0/1 para os três diferentes numerais binários que representarão o dia da semana, o dia e o mês de acordo com os códigos mostrados no início do projeto.

Agora você precisa decidir que cores serão o 0 e quais serão o 1 em cada conjunto de tijolinhos. Independentemente de qual cor você decidir usar como 0, ela será o tijolinho inferior, de modo que, quando o par estiver de cabeça para baixo, você de fato veja uma forma circular parecida com um 0, tornando mais fácil lembrar o que essa peça representa.

Feito isso, encaixe as pilhas de tijolinhos e coloque-os nos slots e fileiras apropriados. De início, todos devem estar virados de cabeça para baixo (ou com o 0 para cima). Veja então que data é e use as tabelas para atualizar o calendário. Por exemplo, a data em que estou escrevendo este capítulo é domingo, 17 de maio. Domingo é o primeiro dia da semana, por isso o número decimal é 1 e o código binário, 01. É dia 17, de forma que o número decimal é 17 e o código binário, 10001. Maio é o mês 5, portanto o número decimal é 5 e o código binário, 0101. Sendo assim, seu calendário deve mostrar o seguinte:

0 1
0 1 0 1
1 0 0 0 1

Após algumas semanas de trabalho recompensador, decodificar e atualizar o calendário se tornará um ato natural e os geeks em treinamento ganharão mais uma habilidade matemática superlegal que os colocará em um excelente caminho no futuro.

UMA IDEIA AINDA MAIS LEGAL!

Se você quiser tornar este projeto ainda mais interessante, construa um robô com um kit Mindstorms NXT utilizando o sensor de cores para identificar as pilhas de tijolinhos e atualizar automaticamente o calendário todas as manhãs. O kit regular já vem com as instruções de como utilizar os sensores de cor para distinguir bolas coloridas, portanto esse upgrade não fará você e seus filhos quebrarem muito a cabeça com engenharia geeky!

>> RESUMOS ELETRÔNICOS E PORTÁTEIS

No passado, não havia nada mais intrínseco ao processo educacional – especialmente a parte que favorecia a memorização em vez de uma compreensão holística das ideias e da resolução de problemas – do que os resumos. Eles eram, e continuam sendo, uma ideia simples: folhas de caderno ou fichas de cartolina, em geral pautadas. Uma tática muito utilizada era escrever uma pergunta, problema ou palavra-chave de um dos lados da folha e a resposta ou informações mais detalhadas do outro lado. Liam-se essas fichas várias e várias vezes, testando, confirmando e corrigindo as informações até que todo o conhecimento fosse (com alguma sorte) transferido para a mémoria de longo prazo – ou, pelo menos, para a de curto prazo por tempo suficiente para fazer a prova.

Hoje em dia, tirando aqueles hippies antitecnologia que são a favor do uso dos caderninhos em lugar dos aparelhos eletrônicos, podemos dizer que o papel já era e andar por aí tentando memorizar informações escritas em papeizinhos é muito... estranho. Mas a função desses resumos (aprendizado tátil a partir de informações

PROJETO	**RESUMOS ELETRÔNICOS E PORTÁTEIS**
CONCEITO	Construir resumos utilizando arquivos em JavaScript e instalá-los nos aparelhos portáteis de seus filhos para que possam ser rapidamente acessados em qualquer lugar.
CUSTO	$
DIFICULDADE	◐◐
DURAÇÃO	◷◷◷◷
CAPACIDADE DE REUTILIZAÇÃO	GGGG
FERRAMENTAS E MATERIAIS	Um computador, um aparelho eletrônico portátil (PSP da Sony, iPhone, iPod Touch ou outros smartphones com acesso à internet).

escritas) e de repetidos autotestes (o que pode ser considerado um processo verbal e visual) ainda são estratégias válidas. E também é impossível dizer que nossos filhos não estão acostumados a carregar sistemas portáteis de transferência de informação para onde quer que vão – afinal, o que são o Nintendo DS ou o PSP da Sony, os smartphones com acesso à internet e todos os outros aparelhos desse tipo que já fazem parte do cotidiano das crianças? E se eles pudessem levar os resumos em seus aparelhos de entretenimento portáteis? Bem, por que não?

Atualmente, muitos aparelhos portáteis possuem acesso à internet, o que significa terem algum browser instalado, seja o Safari no iPhone, a versão móvel do Internet Explorer nos aparelhos que utilizam Windows, ou o browser do PSP. Esses aparelhos podem abrir arquivos HTML e também ler a linguagem JavaScript. A meta deste projeto é lhe fornecer arquivos em Java que você e seus filhos possam editar (mesmo não sendo programadores de verdade) com o intuito de criar os próprios resumos para serem acessados em qualquer lugar a partir de um aparelho portátil.

Mas voltemos um pouquinho para o início da história. Este projeto começou com meu amigo Bill Moore, meu parceiro desde o ensino médio e padrinho de casamento. Bill é um bom pai geek à própria maneira. Ele ajudava o filho a preparar resumos com o maior prazer do mundo, entretanto ficou preocupado com a ineficiência do método e também com os evidentes danos à natureza causados pela tarefa. Em geral, os resumos são úteis apenas por algum tempo – assim que a prova é feita, eles não são mais necessários e se tornam um desperdício de dinheiro, esforço e árvores. Ele e o filho tentaram escrever os resumos a lápis, de forma que pudessem apagar o texto e reutilizar as fichas, mas logo ficaram bem aborrecidos. Eles não queriam abandonar as vantagens deste método de ensino, mas precisavam descobrir uma maneira melhor de executá-lo.

Então, um dia, Bill teve uma ideia brilhante. Levando em conta que seu filho carregava o PSP para onde quer que fosse, Bill decidiu que fazer algo que tivesse a ver com aparelhos eletrônicos seria a solução. Já que este era um assunto familiar para Bill, ele começou com o script Perl, capaz de gerar um arquivo que pode ser visualizado no browser do PSP e depois trabalhou em uma maneira de salvar e acessar o arquivo no diretório-raiz do PSP. A ideia funcionou, mas era um pouco complicada para o uso frequente, por isso ele fez mais algumas pesquisas e descobriu que o JavaScript poderia ser a resposta que estava procurando. Com um pouco de trabalho e quase 30 KB de programação, ele tinha um script funcional para construir resumos eletrônicos.

O script completo pode ser baixado de graça, já que é um software livre, no site <www.geekdad.com>.

A maioria dos códigos constrói o visual e a funcionalidade da ferramenta (caso você seja um guru da programação, está mais do que convidado a melhorar esses elementos e compartilhar conosco os resultados obtidos), mas a parte importante é entender a seguinte sequência:

```
function initFichas() {
newAssunto("Ciências");
newCapitulo("Cap 3-Matéria");
```

```
addFicha("matéria","qualquer coisa que ocupe espaço, possua massa e propriedades
        que possam ser observadas e descritas");
addFicha("massa","a quantidade de matéria que compõe um objeto");
addFicha("volume","a quantidade de espaço que um objeto ocupa");
addFicha("peso","a medida da tração de gravidade entre um objeto e a Terra");
addFicha("densidade","a quantidade de matéria em um dado espaço");
addFicha("elemento","uma substância composta por apenas um tipo de matéria");
addFicha("átomo","a menor partícula de um elemento");
addFicha("mistura","dois ou mais tipos de matéria que são misturados; cada um deles
mantém suas propriedades químicas individuais");
addFicha("filtro","uma ferramenta utilizada para separar as coisas de acordo com
        seu tamanho");
addFicha("evaporação","a mudança do estado líquido para o gasoso");
addFicha("composto","uma substância composta por dois ou mais elementos unidos
que perdem suas propriedades individuais");
addFicha("flutuabilidade","a força ascendente da água ou do ar sobre um objeto");
addFicha("sólido","um estado da matéria que ocupa uma quantidade de espaço definida");
addFicha("líquido","um estado da matéria que ocupa uma quantidade de espaço defi-
nida e não tem uma forma estabelecida");
addFicha("gás","um estado da matéria que não ocupa uma quantidade de espaço de-
finida nem tem uma forma estabelecida");
addFicha("sistema métrico","um sistema de medida baseado em unidades de 10");
addFicha("comprimento","o número de unidades que mede as bordas de algo");
addFicha("área","o número de unidades quadradas que cabem dentro de uma superfície");
endCapitulo("Cap 3-Matéria");
endAssunto("Ciência");
}
```

É aqui que as verdadeiras informações serão arquivadas. Tudo entre "function initFichas() {" e a última "}" forma o conteúdo do resumo. A estrutura é bem simples: "newAssunto" cria uma lista a respeito de um novo assunto sobre um tópico em particular (neste caso, ciência – entre aspas) que será abordado nas fichas; "newCapitulo" dá início a um subitem (ou, como o próprio nome diz, um novo capítulo), e "addFicha" dá início a uma nova ficha. Entre os parênteses vai a pergunta ou palavra-chave entre aspas, uma vírgula e a informação detalhada que entraria na parte de trás da folha, entre aspas, de acordo com o exemplo:

```
newAssunto("nome do assunto");
newCapitulo("título do capítulo");
addCard("pergunta ou palavra-chave","explicação ou resposta detalhada");
endCapitulo("título do capítulo");
endAssunto("nome do assunto");
```

O que é mais legal é que você pode incluir quantos assuntos, capítulos e fichas quiser, tendo apenas que repetir o script básico em novas linhas e mudando os títulos. Você pode, caso você ou seus pequenos geeks desejem, fazer um resumo para cada disciplina da escola (como ciências, matemática, língua estrangeira, estudos sociais etc.). Em cada um deles, crie um capítulo correspondente aos capítulos do livro didático de uma dada disciplina e, à medida que o ano letivo for avançando, acrescente mais fichas no capítulo correspondente assim que o assunto for abordado em sala de aula, de maneira que, no final do ano, o resumo possa representar todos os temas principais que seus filhos aprenderam e um excelente guia de estudos para as provas finais.

Mais importante, porém, é que, uma vez que você e seus filhos tenham aprendido a construir os resumos eletrônicos, trabalhe com eles para escolher o que deve ser incluído em cada um dos assuntos e deixe que eles façam a codificação. Da mesma forma que o ato de escrever os resumos à mão "nos velhos tempos" é responsável por metade do benefício educativo (aprendizado tátil – escrever ou digitar uma informação é tão valioso quanto lê-la em voz alta ou ouvi-la), programar os resumos eletrônicos pode ter uma importância equivalente no processo de aprendizagem.

O último passo é colocar o arquivo (nomeado como "resumo.htm" ou algo parecido) no aparelho portátil. Já que este projeto foi originalmente realizado para o PSP, vamos começar por ele.

>> RESUMO ELETRÔNICO NO PSP

1. Use um cabo USB para conectar o PSP como se fosse um drive do seu computador (o que pode requerer um passeio básico pela configuração do aparelho).

2. Crie uma pasta no diretório-raiz com um nome curto e fácil (como "local") e mova o arquivo com o resumo para lá.

3. Desconecte o PSP.

4. Abra o browser do aparelho e abra manualmente o seguinte URL: file:/local/resumo.htm. Por favor, assegure-se de que haja apenas uma barra no URL. Para os magos da web, não, este não é um erro de digitação. Trata-se apenas de uma característica diferente do acesso à raiz do PSP que me obrigou a pesquisar no Google por horas a fio para descobrir como fazê-lo.

5. Após acessar o arquivo, você já deve ter os resumos na tela. Sugiro que você utilize o bookmark do PSP para salvar o URL, para que não precise digitar o endereço todas as vezes que quiser acessar os resumos. Também gostaria de lembrar que o conhecimento sobre como acessar a raiz do PSP lhe dá a possibilidade de salvar e acessar músicas, filmes e outros arquivos localmente no sistema. Entretanto, o intuito deste livro não é ensiná-lo a hackear o seu PSP, por isso vou deixar por sua conta explorá-lo em algum outro dia.

>> RESUMOS ELETRÔNICOS EM UM IPHONE OU IPOD TOUCH

Com todas as suas vantagens e desvantagens, os aparelhos da Apple são conhecidos por serem menos acessíveis que os de seus concorrentes. Para nossos propósitos, entretanto, isso não importa. Na verdade, o processo é mais fácil do que no PSP, mas levemente mais caro, pois você terá que comprar um aplicativo para ajudá-lo. Na iTunes App Store há diversos aplicativos de armazenamento e visualização de arquivos disponíveis nos mais variados preços, embora este projeto tenha sido testado com o Files e o Pogoplug. O Files custa US$ 4,99, é de grande utilidade para acessar os arquivos armazenados no seu iPhone e permite que você transfira arquivos do seu computador para que sejam visualizados no telefone. O Pogoplug é grátis, mas requer que você gaste US$ 99,00 na compra de um Pogoplug, um aparelho que transforma um disco rígido externo em uma rede e em uma central de armazenamento acessível via internet. Ambos os aplicativos permitirão que você acesse o arquivo com os resumos no seu iPod ou iPhone. À medida que mais aplicativos forem testados, eles serão listados no site <www.geekdadbook.com>.

>> RESUMOS ELETRÔNICOS EM OUTROS APARELHOS PORTÁTEIS

Na verdade, qualquer aparelho portátil com um *browswer* e acesso a arquivos locais é capaz de utilizar esta ferramenta. Isso inclui todos os tipos de *smartphones*, assim como (o que é bem óbvio) *netbooks* e *laptops*.

>> RESUMOS ELETRÔNICOS COM HOSPEDAGEM REMOTA

Já que o resumo portátil é, em sua essência, uma página da web, se você não quiser realmente colocar o arquivo na memória do seu aparelho, a alternativa é hospedá-lo em um site ou outra central de armazenamento de arquivos de acesso remoto e carregá-lo em algum local que possuir acesso à internet.

A intenção do resumo portátil é ser um projeto de código aberto, de forma que você é muito bem-vindo para utilizá-lo, melhorá-lo e adaptá-lo conforme suas necessidades.

>> AMPLIFICADOR DE SINAL WI-FI

Na maioria das casas modernas, especialmente aquelas com pais e filhos geeks que passam horas e mais horas conectados ao mundo via internet, há redes sem fio com um roteador para que toda a família possa desfrutar da conexão sem fio de qualquer lugar, dentro ou fora, próximo à casa.

Pelo menos essa é a ideia.

A realidade, em geral, é algo bem menos funcional. Se o roteador foi instalado no escritório/local de trabalho e a mamãe quer se conectar do terraço para checar seu portfólio on-line enquanto toma alguns golinhos de seu drinque, a conexão pode ficar caindo toda hora. Ou se uma das crianças quer fazer uma pesquisa para um trabalho sobre vibração quântica da casa da árvore no quintal, o sinal pode não chegar até lá. Isso acontece porque a força do sinal de rádio de uma estação Wi-Fi vai caindo gradualmente de acordo com a distância (partindo do princípio de que nada reflexivo esteja no caminho), e cada metro também faz com que a conexão disponível diminua.

É possível usar um repetidor – roteadores adicionais espalhados por toda a casa para reproduzir e amplificar o sinal – se tiver uma área maior para cobrir, o que significará comprar hardware extra para colocar em locais adicionais, causando desperdício de dinheiro se você precisar de uma conexão muito potente ou em uma variedade de locais apenas ocasionalmente. E se você mesmo puder fazer algo com materiais simples para amplificar o sinal para o seu laptop, que lhe possibilite movê-lo pela casa de acordo com suas necessidades e por um custo menor do que o de um roteador sem fio? Você pode fazer isso!

É bem provável que sua casa ou alguma da vizinhança tenha televisão via satélite. Apesar de as antenas parabólicas modernas serem muito mais compactas do que as versões mais antigas, que eram do tamanho de uma van, todas elas utilizam o mesmo conceito: um refletor côncavo que reúne e focaliza ondas ele-

PROJETO	AMPLIFICADOR DE SINAL WI-FI
CONCEITO	Construir um coletor em forma de antena parabólica para amplificar a potência do sinal de seus roteadores Wi-Fi caseiros para um cartão USB sem fio no seu laptop.
CUSTO	$$$
DIFICULDADE	◕◕◕
DURAÇÃO	◷◷ - ◷◷◷
CAPACIDADE DE REUTILIZAÇÃO	↻
FERRAMENTAS E MATERIAIS	Tigela de batedeira feita de metal, adaptador USB Wi-Fi, cabo de extensão USB, tripé de câmera, elásticos, porca de 630 mm, furadeira com várias brocas.

tromagnéticas de uma amplitude de frequências em particular em um receptor que os traduz em dados utilizáveis. Elas ficam apontadas para um satélite fora da órbita da Terra que emite seu sinal para o lado do globo para o qual está virado e a antena os coleta e reflete em um ponto comum para reunir uma maior potência de recepção. Nosso receptor será muito semelhante a essas antenas, só que os sinais de rádio serão emitidos por seu roteador Wi-Fi.

Há três elementos-chave neste projeto: a bacia, o adaptador USB Wi-Fi e o cabo de extensão USB. Todo o resto tem a ver apenas com como faremos a instalação para tornar a antena mais prática e portátil. E ainda é bem capaz que você queira brincar com algumas outras ideias.

A tigela não precisa ser necessariamente de batedeira, mas aquelas que possam ser encontradas com facilidade em uma grande variedade de tamanhos. Não realizei testes assim tão extensos, mas faz sentido dizer que, quanto maior for a tigela, melhor será a amplitude do sinal. Você também pode usar uma panela ou uma tampa de frigideira, mas, o que quer que escolha, precisa ser côncavo e metálico.

PASSO 1 | Para começar, fure dois buracos na tigela, um bem no centro (onde, se você utilizar uma tampa de panela, já deve haver um furo do cabo, que terá que ser retirado), para o adaptador Wi-Fi, e outro na metade da parte de baixo, para que a antena seja encaixada no tripé. Com cuidado, meça o adaptador. Isso requer um pouco de suas habilidades com a furadeira e a lixa para acertar o centro, já que é muito provável que seu corte transversal tenha mais a forma de uma elipse retangular do que a de um círculo. Você deve marcar o ponto a ser furado com a hidrocor preta e então furar dois ou três buracos e usar uma lixa de metal para dar o acabamento. Se for utilizar o tripé como base, o segundo furo deve ter 630 milímetros e ficar localizado aproximadamente a um terço do comprimento até a extremidade inferior da tigela ou tampa. Tente se assegurar de que o furo do tripé se localiza em uma linha perpendicular do buraco mais afastado, reservado ao adaptador (os geeks da matemática devem ter entendido esta fase. Se precisar de ajuda, procure um geek da matemática e peça que ele explique para você).

PASSO 2 | Para instalar o adaptador na tigela, comece pegando um elástico e envolvendo-o ao redor do adaptador aproximadamente três terços acima da extremidade do receptor (a outra, não a que possui a entrada USB), de forma que pareça uma espécie de porca. Dependendo do elástico que utilizar e de quão limpo estiver o buraco feito com a furadeira, talvez seja necessário prender mais de um elástico. Passe primeiro o lado com a entrada USB pelo buraco a partir do lado de "dentro" da tigela até que o elástico o impeça de continuar. Isso deve deixar a ponta do receptor no centro de foco da sua tigela.

PASSO 3 | Segure a estrutura e, do outro lado, instrua seu filho a pegar outro elástico e repetir o processo de envolvê-lo ao redor do receptor até que vocês tenham uma segunda "porca". Aperte-a contra o fundo da tigela para que o adaptador fique bem encaixado. Se não se importar em adotar uma solução mais permanente, pode também utilizar cola quente para prender o adaptador no lugar, apesar de essa escolha não permitir que você retire-o posteriormente para mostrar sua façanha a seus amigos e vizinhos, que com certeza ficarão de queixo caído (e levemente preocupados).

PASSO 4 | Para montar a tigela no tripé, simplesmente encaixe-a no local destinado à câmera de modo que o parafuso que prenderia a parte de baixo da câmera passe pelo buraco de 630 milímetros que você furou. Use a porca na mesma medida para prender a tigela com segurança. Tente usar um tripé que tenha um parafuso de metal no lugar do de plástico para evitar que as ranhuras sejam rompidas quando forem apertadas. Agora você possui uma maneira bastante versátil para mirar sua tigela na direção certa.

PASSO 5 | Quando estiver pronto para testar sua antena, há diversos programas disponíveis na internet que mostram informações detalhadas a respeito da intensidade do sinal e da conexão disponível. Coloque a tigela em um local com pouco sinal e vire-a de forma que aponte para a direção aproximada onde o roteador sem fio está localizado como se tivesse uma linha reta que atravessasse as paredes e os andares da sua casa. Conecte o adaptador ao seu computador com o cabo de extensão e comece a surfar pela internet com um vigor renovado.

>> LUMINÁRIA IRADA DE LEGO E OUTROS MATERIAIS REAPROVEITADOS

A reutilização é um conceito importante nos dias de hoje. Não estamos falando apenas de reciclagem, mas de reaproveitar itens já existentes como móveis ou materiais de construção. Essa é uma excelente maneira de minimizar tanto o desperdício quanto nossas impressões digitais carbônicas.

E, com a revolução digital da mídia, qual é a coisa que provavelmente mais temos em casa juntando poeira? Isso mesmo, CDs e DVDs. Felizmente, agora que você já ripou todos os CDs antigos para o formato digital graças às maravilhas da portabilidade, e como você é um geek da tecnologia digno do título, já tem todos os filmes e músicas armazenados em um servidor doméstico para acessá-los de qualquer parte de sua rede local, e talvez de qualquer lugar do mundo se tiver uma conexão à internet. Então por que guardar todos esses disquinhos? É claro que você poderia tentar trocá-los por algum crédito no sebo mais próximo, mas por que não, em vez disso, construir algo com eles? E por que não transformar o processo em um projeto divertido que você poderá compartilhar com seus filhos?

PROJETO	**LUMINÁRIA IRADA DE LEGO E OUTROS MATERIAIS REAPROVEITADOS**
CONCEITO	Usar Legos, CDs antigos, uma placa Arduino e uma unidade de LED BlinkM para confeccionar uma luminária programável alimentada por uma porta USB.
CUSTO	$$ - $$$$
DIFICULDADE	◕◕
DURAÇÃO	🕒 - 🕒🕒
CAPACIDADE DE REUTILIZAÇÃO	↻
FERRAMENTAS E MATERIAIS	Lego, CDs e/ou DVDs, uma placa Arduino, uma unidade BlinkM (ou similar), computador.

Este projeto é divertido porque permite que você brinque com tijolinhos de Lego (o que sempre significa diversão garantida!). Mas, além do lado lúdico, ele ainda ensinará uma lição importante a respeito da reutilização dos objetos enquanto você desperta em seu filho o interesse por itens eletrônicos muito legais e, ainda por cima, de código aberto.

Uma das iniciativas de código aberto mais bacanas, a Arduino põe produtos eletrônicos de programação descomplicada nas mãos das pessoas que possuem hobbies.

Segundo o site da Arduino (<www.arduino.cc>):

> A Arduino é o protótipo de uma plataforma baseada em hardware e software flexíveis e fáceis de usar. Ela foi projetada para artistas, designers, pessoas que cultivam um hobby e qualquer um interessado em criar objetos ou ambientes interativos.
>
> A Arduino pode sentir o ambiente ao receber informações de uma variedade de sensores capazes de afetar as cercanias controlando luzes, motores e outros ativadores. O microcontrolador na placa é programado a partir de uma linguagem (baseada na Wiring) e de um ambiente de desenvolvimento (baseado no Processing) próprios. Os projetos Arduino podem ser utilizados de maneira individual ou se comunicar com softwares que rodam no seu computador (por exemplo, Flash, Processing, MaxMSP).
>
> As placas podem ser construídas à mão ou compradas pré-montadas. O software pode ser baixado de graça.

O que isso significa em uma linguagem (mais) simples é que você pode comprar uma placa Arduino, conectá-la ao seu computador doméstico, baixar e rodar algum software gratuito e programar de fato os chips na placa para fazerem coisas diferentes com os módulos que conectar a ela. Isso o ajudará a ensinar a seus filhos que todos os chips e fios embaralhados em todos os equipamentos eletrônicos que vocês possuem em casa não os transformam em caixas mágicas, mas, ao contrário, são equipamentos simples que qualquer pessoa pode aprender a programar com facilidade se tiver as ferramentas certas.

Antes de começarmos, deixe-me explicar que você não terá de construir obrigatoriamente este projeto com uma placa Arduino. O que quero dizer é que a maneira com que o demonstro está longe de ser a única maneira de executá-lo. E, se você não estiver a fim de começar a aprender como programar aparelhos eletrônicos, não precisa fazer nada disso. É possível pegar o conceito básico e encontrar outras formas de acender o LED para que ele sirva como lâmpada de sua luminária. Obviamente, você terá que alterar as dimensões da base para garantir que tudo funcione da maneira que desejar, mas isso é parte da diversão desses projetos – você e seus filhos trabalhando juntos para descobrir como completá-los. De qualquer maneira, ainda recomendo o uso de LEDs, já que a maioria das outras formas de iluminação libera uma quantidade significativa de calor, o que pode ser problemático para o plástico dos tijolinhos Lego que servirão de cúpula para a luminária. Seja esperto e cuidadoso!

Entretanto, ainda assim encorajo o uso da Arduino. Pense nela como uma droga de entrada para o promissor mundo dos *junkies* da eletrônica. Uma vez que você e seus filhos tenham seguido as instruções para montar e programar a placa e o LED, darão um passo importante na estrada do aprendizado e das descobertas que desmistificará qualquer outro gadget que você já adquiriu e encorajará um senso de invenção e posse que a maioria das pessoas nunca terá.

>> CONSTRUINDO A LUMINÁRIA

Para este projeto, vamos usar uma placa Arduino Duemilanove, com um LED BlinkM Smart. A placa Arduino pode ser adquirida por aproximadamente R$ 100,00 e o Blink M por menos de R$ 20,00 em vários sites da internet. Eu comprei os materiais com a galera gente boa do <www.markershed.com>. Outra excelente fonte para essas placas e muitos outros projetos eletrônicos tão básicos quanto inacreditáveis é o site <www.adafruit.com>.

Não vou me alongar em instruções detalhadas sobre a montagem e programação da placa, pois essas informações estão disponíveis on-line. Você receberá os links certos junto com as peças (e também poderá encontrar mais alguns no Apêndice A). Em resumo, o processo é seguinte:

01. Baixe e instale o software Arduino no seu computador (que também está disponível para a maioria das versões de OS).
02. Baixe os scripts Arduino e BlinkM e os aplicativos de controle.
03. Conecte a placa Arduino à saída USB.
04. Abra o software Arduino.
05. Carregue o *script* do BlinkM no seu computador e em seguida passe-o para a placa.
06. Saia do software Arduino e desplugue a placa da saída USB.
07. Conecte o BlinkM à placa Arduino.
08. Plugue novamente o USB.
09. Inicialize o aplicativo de controle do BlinkM.
10. Programe as cores do LED e a sequência.
11. Carregue o programa na placa.
12. Saia do aplicativo de controle do BlinkM. A placa puxará energia do USB, mas a programação rodará de maneira independente.

>> CONFECCIONANDO A LUMINÁRIA

Mais uma vez recorreremos ao Lego como nosso material de construção geeky favorito. A luminária precisa ter duas seções principais: a base, onde a parte eletrônica será montada, e a área dos discos, onde mídias antigas serão empilhadas. Já que as placas Arduino e BlinkM conectadas são pequenas, a dimensão de toda a área de controle da construção será o diâmetro dos discos, o que dá aproximadamente o espaço de 15 pininhos de Lego enfileirados. Pode ser necessário que você comece a partir de uma placa maior ou com algumas placas menores unidas para atingir o melhor tamanho, dependendo das peças que tiver disponível. Obviamente, este é o momento certo para improvisos, pois as placas e os tijolinhos que você possuir determinarão a aparência da luminária.

A base precisa ter a altura de apenas dois tijolinhos básicos de Lego. O desafio é encaixar a placa eletrônica na base de forma que o LED fique bem no meio e a porta USB seja acessível de um dos lados. Você deve montar os tijolinhos ao redor da placa para prendê-la no lugar e depois cobrir a estrutura que servirá de base com outra camada de tijolinhos para que apenas o LED fique exposto.

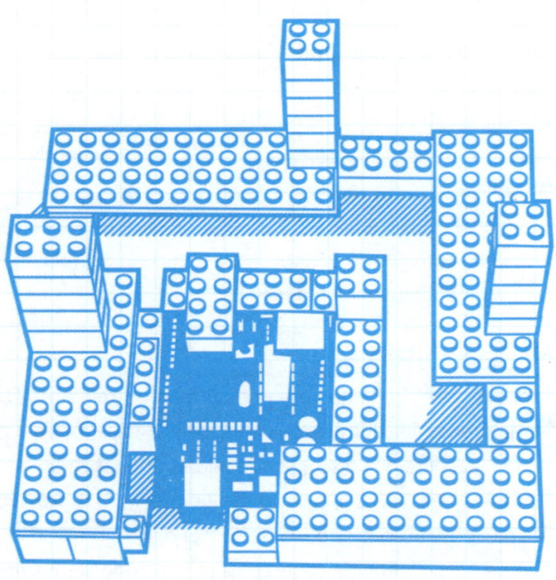

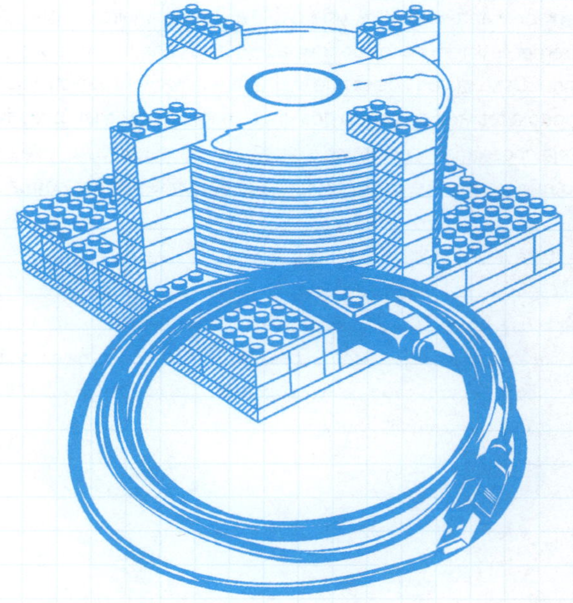

No centro dos quatro lados você construirá colunas de tijolinhos de 2 por 2 para segurar os discos. Você pode atingir a altura que desejar, dependendo do número de discos que usar, mas qualquer altura acima de seis tijolinhos será suficiente para que a luz do LED seja irradiada com eficiência.

Agora empilhe os discos até que eles alcancem o final das colunas. Coloque um tijolinho de 2 por 4 pinos no topo de cada coluna, com o comprimento extra, virado para o centro para segurar os discos. Plugue o cabo USB e deixe que a luz brilhe!

>> CONSTRUÇÕES ALTERNATIVAS

Como mencionei anteriormente, esta não é a única maneira de alcançar a mesma ideia. Na internet, existem vários designs alternativos para a construção de luminárias feitas com CDs. A maioria deles não utiliza os equipamentos eletrônicos incluídos aqui, preferindo a retirada do centro dos discos para que uma lâmpada fluorescente compacta seja encaixada e construindo uma base maior que permita a pasagem do fio de modo que a luminária possa ser plugada em uma tomada normal.

UMA IDEIA AINDA MAIS LEGAL!

Outra opção que inclui a família Arduino é a placa BlinkM MaxM, com LEDs muito maiores e mais potentes, embora seja programada a partir do mesmo software. A vantagem é que ela não precisa de uma placa Arduino como fonte de energia via cabo USB. Em vez disso, a MaxM pode extrair eletricidade de um adaptador AC externo, permitindo que você alimente sua luminária através de uma tomada normal ou de baterias.

>>

POT-POURRI GEEKY

>> AS FORMAS DE GELO DO GEEK

Ah, a simplicidade de um tijolinho de Lego! Apesar de a gama de peças de Lego dos mais variados tipos disponíveis no mercado ser imensa (pense em todas as peças especiais criadas para os kits Star wars, Indiana Jones, Technics, Piratas, Power Miners, Minsdstorms e até mesmo Duplo, com todos os seus segmentos individuais), os simples tijolinhos de 2 pinos por 4 são os de tamanho realmente icônico. É só bater o olho em um deles para saber que se trata de uma peça de Lego.

E eu tenho certeza de que neste exato momento deve haver tijolinhos perdidos debaixo de alguns dos móveis da sua casa. Você provavelmente já brincou de Lego com seus filhos, talvez até já filmou filmes em *stop-motion* com o resultado de suas brincadeiras (bem, talvez apenas eu já tenha feito isso). Mas você já pensou de que outras maneiras o Lego pode ser incorporado à sua vida? O que você acha de incluí-lo nas bebidas que costuma consumir?

PROJETO	**AS FORMAS DE GELO DO GEEK**
CONCEITO	Use moldes de silicone e Lego para fazer gelo em forma de tijolinhos.
CUSTO	$$ - $$$
DIFICULDADE	◕◕
DURAÇÃO	◷◷◷◷
CAPACIDADE DE REUTILIZAÇÃO	GGGG
FERRAMENTAS E MATERIAIS	Mistura para moldes de silicone, Lego, geleia de petróleo, faca X-Acto.

[Este projeto foi desenvolvido por Brian Little, colunista do site Geekdad.com.]

Antes de tudo, fazer as próprias forminhas de gelo de Lego não é definitivamente mais barato do que comprar as formas prontas no site da própria Lego. Mas é muito mais divertido e um projeto excelente para compartilhar com seus filhos.

A mistura para os moldes é um composto de modelagem de silicone vendido em latas que contêm duas partes que devem ser misturadas e colocadas para secar. Esse material pode ser utilizado para moldar utensílios que posteriormente entrarão em contato com produtos alimentícios. Talvez você precise bater um pouco de perna para encontrá-lo. Pode ser que a loja de materiais para artesanato mais próxima tenha algumas latas disponíveis em seu estoque, mas, de qualquer maneira, esse tipo de mistura não é tão fácil de ser encontrado. Eu acabei encomendando o meu pela internet, portanto ainda tive que pagar pelo frete, o que encareceu um pouco o projeto.

PASSO 1 | Você pode escolher os tijolinhos mais simples para servirem como molde ou ser um pouco mais criativo. Para facilitar, use os tijolinhos de 2 x 2 e 2 x 4 (os mais famosos). Se você tiver peças de outros formatos interessantes que queira experimentar (afinal, experiências têm tudo a ver com ser geek!), pense com cuidado no que servirá para ser transformado em um molde. Tenha em mente que as formas não podem ser muito complicadas, nem ter vácuos que dificultem a penetração do composto que fará a forminha, nem pode ser um desafio o ato de desgrudá-lo das peças quando secar.

PASSO 2 | Depois que escolher os tijolinhos, lave-os e inspecione-os para garantir que eles estejam completamente limpos.

PASSO 3 | Eu fiz três forminhas. Na primeira, criei uma parede com duas fileiras de tijolinhos e coloquei algumas peças de 4 x 2 soltas dentro, com uma distância aproximada de um pino entre elas. Para a segunda, utilizei tijolinhos de 2 x 2 e, para a última, peças de 1 x 1, para que eu tivesse cubos de gelo de tamanhos variados. Se você não cobrir completamente os tijolinhos quando for preencher o molde, terá bordas mais lisas.

PASSO 4 | Assegure-se de que os tijolinhos estejam bem pressionados e presos uns aos outros para evitar qualquer rachadura onde o silicone possa se infiltrar. Você pode tentar selar todas as junções com geleia de petróleo, mas deixe o mínimo de resíduo possível, para que a forminha não fique deformada (isso pode ser um desafio; tente aplicá-la com um cotonete).

PASSO 5 | O silicone pode trazer instruções sugerindo que você utilize um composto para soltá-lo do molde, mas descobri que isso não é necessário quando estamos lidando com Lego. Também não fiz uso de nenhum filtro de ar para desgrudá-lo (outra sugestão inclusa em muitas instruções), pois não estava moldando nada que fosse extremamente detalhado.

PASSO 6 | Preencha os moldes com cuidado. O silicone é razoavelmente grosso e verte devagar, por isso, seja paciente e preste bastante atenção. Você pode usar uma escova de dentes para distribuí-lo pelo molde da maneira mais uniforme possível, como se estivesse colocando a massa de um bolo. Tente não exagerar no silicone para obter uma base mais lisa e garantir que não ocorram derramamentos.

DICAS ÚTEIS

Se você utilizar utensílios de cozinha para medir ou misturar o silicone ou o catalisador, limpe-os imediatamente. Esqueci de passar uma água na xícara que usei para medir o catalisador e a esposa geek não gostou nada do trabalhão que teve para lavá-la.

Também se lembre de forrar com papel a superfície sobre a qual for trabalhar, caso contrário ela ficará cheia de respingos de borracha.

PASSO 7 | Reserve todos os moldes para que sequem por 24 horas, mas fique de olho, pois eles podem estar prontos para serem soltos em apenas 12 (os resultados variam de acordo com a temperatura, a umidade relativa do ar e elevações). Esteja preparado caso o resultado final não seja, como podemos dizer... perfeito. Pode haver uma boa quantidade de aparas (o termo técnico para... bem, a meleca que ficará presa nas bordas) que precisará ser eliminada com a boa e velha faca X-Acto.

Entretanto, você pode se empolgar ao ver o nível de detalhamento dos tijolinhos, que incluirão até mesmo o nome Lego entalhado nos pinos.

PASSO 8 | Agora é só preencher as forminhas com água e colocá-las no freezer sobre uma superfície lisa para que elas não bambeiem. E *voilà*! O seu refrigerante, chá gelado ou coquetel mostrará ao mundo o quanto você é geek.

UMA IDEIA AINDA MAIS LEGAL!

Para cubos de gelo de Lego ainda mais interessantes, tente ferver um pouco de água destilada para ter blocos mais transparentes ou tinja a água com corante alimentício (de cores diferentes para combinar com a variedade de cores do Lego).

>> A PEGADINHA DA BEBIDA EXPLOSIVA

Uma das coisas mais legais que um pai pode compartilhar com os filhos são as pegadinhas. Mas, como somos pais geeks, não vamos nos humilhar com pegadinhas manjadas como a do cocô que muita gente ainda coloca na maçaneta dos carros da vizinhança. Em vez disso, as pegadinhas do pai geek incluem um ingrediente principal digno de nosso tempo e esforço: a ciência! Sendo assim, nosso próximo projeto é dedicado ao geek que existe dentro de cada um de nós.

PROJETO	**A PEGADINHA DA BEBIDA EXPLOSIVA**
CONCEITO	Fazer cubos de gelos que explodirão após algum tempo.
CUSTO	$
DIFICULDADE	◕
DURAÇÃO	◷ - ◷◷
CAPACIDADE DE REUTILIZAÇÃO	GGGG
FERRAMENTAS E MATERIAIS	Formas de gelo, água, balas Mentos, refrigerante (de preferência Coca Zero).

Desencavado dos confins da internet, este projeto/pegadinha é baseado na agora famosa (e infame) reação entre a bala branca e dura e a bebida gasosa, que libera o CO_2 saturado do refrigerante com uma rapidez espantosa. Mas o que estudos científicos cuidadosos realizados pelos caçadores de mitos nos mostraram (no episódio número 57) é que, já que há uma química na Coca Diet que gera uma reação extra incrível, podemos produzir um efeito similar, ainda que menos barulhento, com praticamente qualquer marca de refrigerante.

O conceito é simples: criaremos um sistema cronometrado para que a reação entre o Mentos e o refrigerante surja como uma completa surpresa para a vítima

da nossa pegadinha. Para conseguir isso, é só congelar a bala dentro de cubos de gelo.

Na verdade, esta é parte mais traiçoeira do projeto (mas que também não é tão traiçoeira assim). Preencha a forma de gelo com água. Use apenas água da torneira. Não a misture com água destilada nem filtrada, pois queremos que os cubos se tornem bem opacos para que escondam o conteúdo explosivo. Coloque a forma no gelo e espere.

Após 10 minutos, confira se o processo de congelamento já teve início. Quase sempre, os cubos de gelo congelam de fora para dentro. Quando você vir que uma camada de gelo se formou sobre o cubo, mas que seu interior ainda não foi congelado, use algo parecido com uma faca de manteiga para quebrar o topo do cubo e insira uma bala Mentos no interior ainda líquido. Cubra os cubos com mais água se necessário e coloque a forma novamente no freezer para completar a extração de energia calorífera. Em aproximadamente 30 minutos (dependendo da potência do seu freezer e do quanto ele estiver cheio), o gelo deve estar pronto.

Devido à sua natureza volátil, esta pegadinha é mais indicada para ambientes abertos. Escolha sua vítima, ofereça-lhe um copo do refrigerante da sua preferência (e torça para que ele queira muito uma Coca Zero para ter os melhores fogos de artifício possíveis), coloque um ou dois cubos de gelo especiais na bebida e prepare a câmera de vídeo (mas garanta que ela fique afastada o suficiente para evitar os respingos). O YouTube e/ou o terapeuta dos seus filhos estarão esperando para morrer de rir com a cena que se seguirá.

>> POSFÁCIO

CANHÃO PNEUMÁTICO DE BOLAS DE BEISEBOL – O FRACASSO COMO PROJETO

Dizem por aí que, quando uma coisa tem que dar errado, ela dá errado, independente do quanto você planeje ou se esforce. Isso serve, inclusive, para os pais que desejam construir projetos geekies e bacanas com seus filhos. E, apesar de trabalhar no detalhamento do design e do layout de um projeto antes de realizá-lo ser uma boa ideia, isso nem sempre garante seu sucesso. Entretanto, não existe nenhuma razão que o impeça de tentar. Como todos sabemos (nem que seja como piada), aprendemos muito mais com nossos erros do que com os acertos.

É por isso que este capítulo foi incluído como um posfácio. Falhamos neste projeto. Ele não funcionou e, apesar de acreditar que alguém ainda conseguirá completá-lo, não fomos capazes de fazê-lo na época, de modo que decidi passar para a próxima ideia. De qualquer maneira, aprendemos uma lição valiosa.

Não estou sugerindo que você faça este projeto, já que sei que não dará certo. Entretanto, tenha em mente que ele não dará certo se você seguir os passos que descreverei a seguir. Tive uma ideia engraçada e pensei que seria capaz de

PROJETO	**CANHÃO PNEUMÁTICO DE BOLAS DE BEISEBOL – O FRACASSO COMO PROJETO**
CONCEITO	Tentar construir um projeto legal, falhar e aprender algo com a experiência.
CUSTO	$ - $$$$
DIFICULDADE	◕ - ◕◕◕◕
DURAÇÃO	◷ - ◷◷◷◷
CAPACIDADE DE REUTILIZAÇÃO	GGGG
FERRAMENTAS E MATERIAIS	Canos, conexões, parafusos, serrote, bolas de pingue-pongue, imaginação, paciência e um bom tanto de senso de humor.

transformá-la em uma construção baseada na ciência com um fator de empolgação para as crianças. Mas não funcionou por razões pelas quais eu seria capaz de explicar se tivesse um pouco mais de conhecimento sobre pneumática. Entretanto, utilizarei este projeto como uma boa desculpa para discutir o valor do fracasso como ferramenta de aprendizado, portanto peço que me acompanhe.

Meu filho mais velho joga beisebol na liga infantil e me pareceu uma boa ideia construir algum tipo de canhão de lançamento de bolas de beisebol para que praticássemos nos divertindo. Tive visões em que acoplava um cano de PVC a um compressor e lançava bolas de beisebol a centenas de metros pelo ar em um típico treinamento fora de campo. Comecei pesquisando na internet para tentar descobrir quem já havia feito isso antes e me dei conta de que a maioria dos projetos nesse sentido já havia sido realizado... só que com projéteis mais explosivos.

Entretanto, havia algumas versões que utilizavam ar comprimido. O problema era que todas elas utilizavam válvulas e câmaras de pressão caras, o que deixava o projeto fora do orçamento dentro do qual tentei manter todas as ideias incluídas neste livro. Tive que dar um passo para trás e repensar o projeto.

Um dia, enquanto observava meu filho treinando, percebi que, apesar de o técnico utilizar bolas de beisebol na maioria dos exercícios, também havia outro tipo de bola que era usada em algumas outras ocasiões. Uma lâmpada (de LED, claro) se acendeu sobre a minha cabeça: eu iria construir um lançador de bolas de pingue-pongue!

Como as bolas de pingue-pongue são muito mais leves, descobri que poderia fazer algo com um compressor manual. Meus filhos e eu fomos a uma loja de material de construção e demos uma olhada em todos os canos e conexões que eles possuíam. Voltamos para casa com um tubo de PVC de 7,5 centímetros, tubos de drenagem de 10 e 15 centímetros, algumas roscas de borracha e, acredite, um desentupidor de privada. O conceito era construir uma câmara de compressão com o cano maior, que iria diminuindo de tamanho até chegar ao de 7,5 centímetros. Uma bola de pingue-pongue seria carregada no cano menor e sua base repousaria em parafusos que seriam pregados inclinados. O desentupidor se encaixa perfeitamente no cano de 10 centímetros e a ideia era puxar o desentupidor para cima bem depressa para que se formasse pressão suficiente nas roscas a fim de lançar a bola de pingue-pongue a uma altura significativa.

É, bem...

Foi um fracasso total. Como engenheiro civil, posso ter conhecimento básico de alguns campos da física, mas obviamente a parte da pneumática precisa ser atualizada. Apesar disso, eu e os meninos não nos deixamos abater (bem, talvez nos abatemos só um pouquinho), pois eu ainda tinha um compressor para tentar um plano B.

Desmontamos a maior parte da construção e formulamos algo com um compressor dianteiro vedado em sua maior parte com silver tape. Nosso novo canhão tinha um pequeno buraco no qual eu podia empurrar a extremidade da válvula manual da mangueira do compressor. Com aproximadamente 60 psi de potência, não tinha como dar errado.

E, mais uma vez, o projeto foi demais para o que me lembrava das aulas de física da faculdade. A bola de pingue-pongue de fato saiu do cano, mas formou um arco muito baixo, que subiu apenas alguns metros antes de se estatelar no chão. Tudo que posso dizer é que foi decepcionante. Olhei para meus filhos, eles olharam para mim, e caímos na gargalhada.

O tempo que tínhamos disponível e o quanto já havíamos gasto com materiais tornaram a continuação do projeto proibitiva, por isso perguntei aos meninos se eles concordavam que aquela experiência havia sido um fracasso. Eles concordaram e disseram que tínhamos dado o nosso melhor, improvisado e explorado as possibilidades, mas simplesmente não conseguimos fazer com que a coisa funcionasse. E então eles saíram correndo para brincar com os vizinhos.

Sendo assim, peço desculpas a todos que estão lendo este livro e recorreram a este capítulo procurando por um projeto legal para lançar projéteis. Ele não está aqui. Realmente acredito que possa ser realizado e provavelmente de uma maneira não muito diferente da que experimentei. Com mais algumas semanas de pesquisa na internet e lapidação do design, talvez pudéssemos tê-lo feito funcionar. Mas não tínhamos esse tempo, não finalizamos o projeto e não há problema algum nisso. Nós tentamos e aprendemos – a respeito do que não funcionaria e da humildade necessária em qualquer projeto construído a partir de esboços. E estou realmente grato por ter compartilhado essa experiência com meus filhos.

Para resumir a história um pouco mais, meu ponto é: esteja preparado para falhar. Na verdade, quando isso acontecer, considere o fracasso como a experiência de aprendizado que ele geralmente é. Não fique com raiva. Não soque a mesa. Não deixe que a frustração se torne maior que um menear de cabeça e um riso triste. Mostre a seus pequenos geeks que o fracasso não é o final, mas apenas um dos passos que os levarão ao sucesso definitivo. A determinação e a paciência são componentes vitais da personalidade geek e ensiná-las a nossos filhos é um projeto tão valioso quanto qualquer um dos incluídos neste livro.

>> APÊNDICE A FONTES E REFERÊNCIAS POR CAPÍTULO

As instruções incluídas nos projetos deste livro devem ser entendidas mais como um ponto de partida para a criatividade e a customização do que como um guia abrangente. Se você estiver interessado em mais informações e em compartilhar suas variações para os projetos, o primeiro lugar para ir na internet é o site <www.geekdadbook.com>, onde há páginas a respeito dos projetos e fóruns com uma comunidade ativa e moderada que busca explorar todas as possibilidades. Além disso, os recursos para muitos dos projetos aqui apresentados estão disponíveis on-line e também há instruções alternativas em outros sites. Este apêndice reúne uma lista de links para cada um dos projetos que ajudará você e seus pequenos geeks a tirar o máximo de nossa experiência criativa.

Gostaria de oferecer um agradecimento especial a Phil Torrone e Marc de Vinc do site <www.makershed.com> por me fornecerem muitos dos equipamentos eletrônicos que utilizei nestes projetos. Se você e seus pequenos geeks estiverem interessados em ter a eletrônica como um hobby, o site de Phil e Marc e a revista *Make* são os lugares onde começar.

Outro muito obrigado vai para o pessoal do <www.thinkgeek.com>, que me forneceu alguns dos materiais para este livro. Este site é o paraíso dos geeks. Confira!

>> FONTES E REFERÊNCIAS POR CAPÍTULO

Faça os próprios quadrinhos

- Toda a linha Photoshop, inclusive um editor baseado na web, está disponível em <www.photoshop.com>.
- Da mesma forma, você pode encontrar o Pixelmator, um programa de edição sensacional para Mac, em <www.pixelmator.com>.
- E, se você quiser utilizar uma plataforma gratuita, há o GIMP, disponível em <www.gimp.org>.

- O programa que utilizei para criar a tirinha que serviu como exemplo para o projeto foi o Comic Life Magiq, para Mac, que pode ser facilmente adquirido em <www.plasq.com/comic-life-magiq>.

Os livros caseiros de colorir mais legais do mundo

- Uma excelente fonte de desenhos grátis para imprimir e colorir é o site <www.patternsforcolouring.com>.

Crie o jogo de tabuleiro mais irado

- Há uma seção dedicada ao jogo de tabuleiro no site deste livro: <www.geekdadbook.com>.
- Um ótimo site para mais diversão é o <www.boardgamegeek.com>.

Origami eletrônico

- Você pode comprar a caneta no site <www.frys.com/product/2931025>.
- Os LEDs estão disponíveis em <www.makershed.com> ou em <http://sparklelabs.com/index_store.php>.
- Você pode encontrar mais dobraduras de origami legais em <www.origami-club.com>.

Jack da Lanterna Ciborgue e outras decorações inspiradas em datas comemorativas para todos os tipos de famílias geeks

- Os itens eletrônicos mencionados estão disponíveis em <www.makershed.com>.

Pintura a dedo com brinquedos de corda

- Para uma vasta seleção de brinquedos de corda, visite <www.tintoyarcade.com>.
- Você poderá encontrar as tintas na papelaria mais próxima à sua casa ou no site <www.casacruz.com.br>.

Crie uma cartilha de super-heróis

- Como foi mencionado no projeto, eis algumas boas fontes para os seus heróis:
  - » *The superhero dictionary*, <http://shdictionary.tripod.com>.
  - » *Comic vine*, <www.comicvine.com>.
  - » *Marvel universe: The official Marvel wiki*, <http://marvel.com>.
- E, caso seus pequenos geeks realmente adorem super-heróis e RPGs, tente apresentá-los ao sistema Champions em <www.herogames.com>.

Construção de modelos com bolo

- Com a popularidade de programas de televisão como *Ace of cakes* <www.footnetwork.com/ace-of-cakes> e o sucesso de empresas como a Charm City Cakes <www.charmcitycakes.com>, muitas confeitarias preparam bolos criativos de acordo com o design sugerido pelo cliente.
- Se você tiver de fazer o bolo sozinho, converse com o pessoal da padaria onde costuma comprar pão. Tivemos a sorte de o proprietário da padaria mais próxima à nossa casa – <www.amiabakery.com> – permitir que usássemos seu aerógrafo e sua cozinha para dar cor às telhas e aos arbustos de nosso bolo.
- A loja de produtos de artesanato que você costuma frequentar provavelmente possui uma seção de produtos de confeitaria. Conseguimos encontrar o fondant e outros suprimentos na loja de artesanato local e também no site <www.pontadaspadarias.com.br>.

Cartografia pirata

- O passo a passo original para este projeto pode ser encontrado em <http://howto.wired.com/wiki/Make_A_Treasure_Map_From_A_Paper_Bag>.

Eduque seus filhos com a ajuda dos *role-playing games* (RPGs)

- Confira os fóruns em <www.geekdadbook.com>, no qual esperamos construir um estoque de ideias e lições aprendidas a partir das experiências de pais e filhos que utilizaram o jogo.

- Se você realmente quiser mergulhar com seus filhos no mundo do RPG, a casa do D&D e de vários outros jogos incríveis é a Wizards of the Coast: <www.wizards.com>.

Um rali de demolição que nunca termina

- Apesar de podermos comprar Legos em praticamente qualquer loja de brinquedos, o melhor lugar para adquirir peças avulsas é o site oficial da Lego: <www.lego.com>.

Veja o mundo a partir do céu

- Esta foi a minha fonte de informações original sobre a capacidade de elevação do hélio: <www.chem.hawaii.edu/uham/lift.html>.
- Uma excelente fonte para balões de látex extragrandes é o site <http://anvente.com>.
- Quando você estiver pronto para passar para o próximo nível, tente a placa BlimpDuino disponível em <http://diydrones.com>.

O melhor toboágua da história

- Você pode encontrar os plásticos e as mangueiras na loja de materiais de construção mais próxima à sua casa ou em sites como o <www.cec.com.br>.
- O velcro autocolante pode ser encontrado em grandes lojas de departamento como o Walmart, bem como os ganchos para pendurar quadros.
- Os macarrões de piscina podem ser encontrados em qualquer lugar que venda artigos para praia e piscina.

Vaga-lumes em qualquer época do ano

- Caso não haja LEDs comuns disponíveis na loja de eletroeletrônicos mais próxima, você pode encontrá-los no site <www.frys.com/templates/ecomponents>.
- Você pode comprar LEDs coloridos muito bacanas, baterias e outros kits eletrônicos incríveis em <www.adafruit.com>.

Videogames que ganham vida

- Para adquirir os arcos de madeira, visite a loja de artigos de costura ou de artesanato mais próxima e procure pelos aros para bordar mais baratos.
- Na internet, visite armarinhos digitais como o <www.bazarhorizonte.com.br> e procure por "bastidores". Você os encontrará por menos de R$ 10,00 a unidade.

Solte pipa à noite

- Há diversas lojas de pipas on-line como a <www.brincadeirasvoadoras.com.br>.
- Eu adoro especialmente as pipas de *Guerra nas estrelas* disponíveis em vários sites como o <www.thinkgeek.com/geektoys/games/a52a>.

Construa um cinema ao ar livre

- Para mais informações sobre como construir o próprio cinema ao ar livre, visite <http://backyardtheater.com>.

O balanço "mágico"

- As listas telefônicas são grátis e entregues na porta da sua casa.
- Cordas e outros equipamentos podem ser comprados na loja de materiais de construção mais próxima ou em <www.cec.com.br>.
- O vídeo do episódio original de *Os caçadores de mitos* "Atrito entre listas telefônicas" pode ser assistido no site <http://dsc.discovery.com/videos/mythbusters-phone-book-friction.html>.

Abotoaduras descoladas

- Você pode encontrar os materiais para este projeto na loja de equipamentos de informática mais próxima ou em <www.frys.com>.

Carteira luminosa de silver tape

- Muitas das informações técnicas foram colhidas do site <www.ducttapeguys.com>.

- Caso você prefira comprar a carteira, tente os sites <www.thinkgeek.com> ou <www.ducttapefashion.com>.

Bolsinha de crochê para dados

- O site <www.ravelry.com> é uma comunidade para praticantes de tricô e crochê em que se trocam informações e ideias on-line.

A ciência da adubação

- O site <www.planetnatural.com> é uma excelente fonte de materiais e informações sobre adubação.
- Este projeto foi inspirado no artigo original publicado no site GeekDad <www.wired.com/geekdad/2007/05/the_compost_bin>.

Hidroponia caseira

- O site <www.planetnatural.com> também é uma excelente fonte para materiais e informações sobre hidropônicos.
- Kits botânicos: <www.makershed.com/ProductDetailsasp?ProductCode=MKBTI>. Quando as plantas precisarem ser regadas, esses kits geniais mandarão uma mensagem para o seu Twitter.
- A inspiração técnica para este projeto veio de <www.hydroponics101.com> e <www.salviasource.org>.

Faça um calendário binário

- Este projeto foi inspirado em um calendário feito com moedas que somavam um total de 12 centavos disponível em <www.evilmadscientist.com/article.php/perpetualcalendar>.

Resumos eletrônicos e portáteis

- Esses dois sites foram de valor inestimável para descobrir como acessar os arquivos locais a partir do browser do PSP:

» <http://asserttrue.com/articles/2007/02/02/how-to-run-local-flash-content-on-a-sony-psp>. O site explica o funcionamento do URL local (uma barra, não duas). Ele também lhe dirá como rodar arquivos em Flash no seu PSP, outro caminho possível para implementar os resumos.

» <www.brothercake.com/site/resources/reference/psp>. Este site lhe dará excelentes informações a respeito da compatibilidade e das limitações do browser do PSP, especialmente no tocante ao CSS e ao JavaScript.

Amplificador de sinal Wi-Fi

- O Linksys WUSBF54G é um dos exemplos de adaptadores USB Wi-Fi mencionados no projeto. Você pode encontrá-los em praticamente qualquer lugar.
- Há diversas variações deste projeto disponíveis na internet. Uma das minhas favoritas está em <www.instructables/id/Wifi-Signal-Strainer-WokFi>.

Luminária irada de Lego e outros materiais reaproveitados

- A placa Arduino e a unidade BlinkM utilizadas neste projeto foram adquiridas em <www.markerhed.com>.

As formas de gelo do geek

- A mistura de silicone pode ser encontrada em <www.artmolds.com/>, um site dedicado a artesões, e em <www.amazon.com>.

A pegadinha da bebida explosiva

- Os caras que criaram a pegadinha do Mentos com refrigerante original têm um site <www.eepybird.com>, no qual vendem kits especiais para que você obtenha efeitos muito legais, semelhantes aos de um gêiser, como os que eles fazem em suas apresentações ao vivo.

Posfácio: Canhão pneumático de bolas de beisebol – o fracasso como projeto

- Alguém conseguiu construir um canhão pneumático de bolas de beisebol e explica como fez isso no site <www.wonderhowto.com/how-to-built-a-pneumatic-tennis-ball-cannon>.
- Na Maker Faire (feira de ciência e tecnologia norte-americana) de 2009, Adam Savage, de *Os caçadores de mitos*, deu uma excelente entrevista a respeito do fracasso que pode ser assistida em <http://fora.tv/2009/05/30/Mythbuster_Adam_Savages_Colossal_Failures>. Eu estava no prédio ao lado enquanto ele concedia essa entrevista.

>> APÊNDICE B FICHA DE RPG

A vida como no RPG: Ficha do personagem

ATRIBUTOS

ATRIBUTO	PONTOS	MOD. DE DESAFIO
Força		+/– para Combate
Inteligência		+/– para Magia
Sabedoria		+/– para Força de Vontade
Destreza		+/– para Agilidade
Constituição		+/– para Resistência
Carisma		+/– para Performance

ROLAGEM DE DESAFIO

DESAFIO	NÍVEL-BASE	MOD. DE ATR.	MOD. DE HAB.	ROLAGEM TOTAL
Combate				
Magia				
Força de Vontade				
Agilidade				
Resistência				
Performance				

RASTREADOR DE HABILIDADES

HABILIDADE ADQUIRIDA	NÍVEIS	PONTOS GASTOS	CONEXÕES

INFORMAÇÕES DO PERSONAGEM

NOME DO PERSONAGEM	
RAÇA	
CLASSE	
NÍVEL	

IMAGEM/ILUSTRAÇÃO DO PERSONAGEM

EXPERIÊNCIA

PONTOS DE EXPERIÊNCIA	
PONTOS NECESSÁRIOS PARA O PRÓXIMO NÍVEL	
PONTOS DE HABILIDADE-BASE (A)	
PONTOS DE HABILIDADE GANHOS (B)	
PONTOS DE HABILIDADE TOTAIS (C = A + B)	
PONTOS DE HABILIDADE UTILIZADOS (D)	
PONTOS DE HABILIDADE REMANESCENTES (E=C-D)	
PONTOS DE ATRIBUTO-BASE (F)	
PONTOS DE ATRIBUTO GANHOS (G)	
PONTOS DE ATRIBUTO TOTAIS (H = F + G)	
PONTOS DE ATRIBUTO-BASE (I)	
PONTOS DE ATRIBUTO REMANESCENTES (J = G – I)	

A VIDA COMO NO RPG: FICHA DO PERSONAGEM

DESAFIO DIÁRIO

Descrição do desafio (data)	Tipo	Cr	Rolagem do dado (A)	Rolagem de desafio (B)	Total (A+B)	Exp. Base (C)	Bônus (D)	Exp. Total (C+D)

>> APÊNDICE C LISTA DE PROJETOS POR CLASSIFICAÇÃO

CAPÍTULO	CUSTO	DIFICULDADE	DURAÇÃO
A ciência da adubação	$$	*	*
A pegadinha da bebida explosiva	$	*	*
Abotoaduras descoladas	$	**	**
Amplificador de sinal Wi-Fi	$$$	***	**
As formas de gelo do geek	$$	**	****
Bolsinha de crochê para dados	$	***	***
Carteira luminosa de silver tape	$	**	*
Cartografia pirata	$	*	*
Construa um cinema ao ar livre	$$$$	***	**
Construção de modelos com bolo	$	*	*
Crie o jogo de tabuleiro mais irado	$	*	***
Crie uma cartilha de super-heróis	$	*	*
Eduque seus filhos com a ajuda dos *role-playing games* (RPGs)	$	**	**
Faça seus próprios quadrinhos	$$	**	**
Faça um calendário binário	$	*	*
Hidroponia caseira	$	**	*
Jack da Lanterna Ciborgue e outras decorações inspiradas em datas comemorativas para todas as famílias geeks	$	**	*
Luminária irada de Lego e outros materiais reaproveitados	$$	**	*

O balanço "mágico"	$$	*	**
O melhor toboágua da história	$$	*	**
Um rali de demolição que nunca termina	$	**	**
Origami eletrônico	$	**	**
Os livros caseiros de colorir mais legais do mundo	$	**	**
Pintura a dedo com brinquedos de corda	$	*	*
Resumos eletrônicos e portáteis	$	**	****
Solte pipa à noite	$	**	*
Vaga-lumes em qualquer época do ano	$$	*	*
Veja o mundo a partir do céu	$$	*	*
Videogames que ganham vida	$	*	*